JN232339

新世紀版

簿記の卵(たまご)

小田正佳 著

入門書を読む前に読む本

税務経理協会

新世紀版「簿記の卵」出版にあたって

　初版以来，着実に版を重ねながら5年の長きにわたってお親しみいただいた「簿記の卵」をこのたび全面的に改訂することとなりました。版を重ねる過程で，本書に過分のご支持をいただいた点があるとすれば，それは「わかりやすさ」に尽きるのでしょう。

　従来の入門書が簿記のルールを網羅的にカバーする「簡易ガイドブック的内容」であるのに対し，本書は「なぜそういうルールになるのか？」「なぜそういう処理をすべきなのか？」という点にできるだけ多くの紙面を割いたこと。枝葉末節的な内容を大胆に割愛して，本質的な幹の部分に焦点を絞って手っ取り早く簿記の全体像がつかめるように工夫したこと。簿記の作業を「データ作成作業（仕訳）」「データ加工作業（転記）」「データ確認作業（試算表）」「データ修正作業（精算表）」「データ表示作業（損益計算書・貸借対照表）」の5つのステップに分けて解説するという新しいアプローチを試みたこと。などが従来の入門書とは異なる「新鮮さ」「わかりやすさ」に繋がったのかもしれません。

　今回の改訂にあたっても，これまで多くの読者に好評だった「長所」はそのまま維持しつつ，「わかりやすさ」が更にグレードアップするよう心がけました。

　具体的には，図表やイラスト表現を強化し，文章による説明を一層わかりやすくする工夫を随所に凝らしました。同時に，5年の間に内容が陳腐化した部分を修正し，最新の知識が習得できるようにしています。

本書を通じて，ひとりでも多くの方が簿記にお親しみいただき，簿記が経理や財務に勤務する人たちだけの方言でなく，ビジネス社会に生きる人たちの共通語であることをご認識いただけたとしたら筆者にとってこんなに嬉しいことはありません。

　2002年8月

小　田　正　佳

まえがき

　拙著『財務諸表の卵』を上梓して約3ヶ月が過ぎました。
　『財務諸表の卵』を書いたのは,「簿記の基本を知らない方でも楽しく財務諸表の基本が学べるように」,「それまで財務諸表に対して"アレルギー症状"だった方や"食わず嫌い"だった方が,多少なりともその存在を身近なものに感じてもらえるように」との思いからでした。従来の入門書とは異なったアプローチでわかりやすく書いたつもりでしたが,実際に出版するまでは簿記の基本を知らない方が読んで実際にどうお感じになるか,不安でした。
　ところが,出版してみると思いのほかご好評をいただき,「同じような切り口で簿記の基本についても書いてほしい」とのご要望を多数頂戴しました。これが『卵シリーズ』としては第2弾となる本書の企画に繋がったわけです。

　以上の経緯で執筆する本書は,前書『財務諸表の卵』同様,従来の入門書とはまったく異なるアプローチで簿記の基本を解説します。
　「簿記を基本から勉強したいが,ノートを使って地道に反復練習する時間的余裕がない人」や,「これから本格的に勉強しようと思っているが,その前に手っ取り早く全体像をつかみたい人」を想定しています。

　簿記の学習は,実際に手を動かして例題を解きながら反復練習する方法が一般的であり,結局これがもっとも近道でもあるのでしょう。

が，多忙なビジネスマンの中にはこうした時間が充分とれない人も少なくありません。したがって，こうした多忙な方が電車の中などで読むだけでも，ある程度簿記の全体像がつかめるように工夫されています。

中身は商業簿記のごく基礎的な内容です。

解説にあたっては，本質的な幹の部分が鮮明に浮かび上がるよう，付随する枝葉の部分を大胆に削り落しました。小手先(こてさき)の技術を学ぶ前に，まず全体の輪郭，その本質を理解することが何よりも大切だからです。

また，一般の入門書が簿記のルールを網羅的(もうらてき)にカバーする「簡易ルールブック的内容」となっているのに対し，本書は「なぜそういうルールになるのか」という点にできるだけ多くの紙面をさいています。

本書が，これまで「簿記に興味はあっても，どうもとっつきにくい」と感じていた方々に，簿記に親しむ何がしかのきっかけを提供できれば，筆者にとって望外の幸せです。

1997年7月

小　田　正　佳

もくじ

新世紀版「簿記の卵」出版にあたって

まえがき

第1章 簿記の役割

① 会社で起きたことを記録する
「帳簿」に「記録」する……………………………………2
記録する範囲……………………………………………4
将来の計画に役立てる…………………………………6

② 帳簿をつけるさいのルール
みんなが守る決まりごと………………………………8
イタリアで考案された優れモノ………………………10

第2章 作業のおおまかな流れ

① 全体像をつかむ
木を見ずに森を見ることから…………………………12
おおまかな流れ…………………………………………14
第3章以降の内容をダイジェストで……………………16

② データ作成作業（仕訳）
なにをデータとするか？………………………………18

どうデータとするのか？……………………………20
③ データ加工作業（転記）
　　　なぜ加工するのか？……………………………22
　　　どう加工するのか？……………………………24
④ データ確認作業（試算表）
　　　なぜ確認するのか？……………………………26
　　　どう確認するのか？……………………………26
⑤ データ修正作業（精算表）
　　　なぜ修正するのか？……………………………28
　　　どう修正するのか？……………………………29
⑥ データ表示作業（儲けと財産）
　　　なにを表示するのか？……………………………30
　　　どう表示するのか？……………………………30

第3章 データ作成作業（仕　訳）

① なにをデータとするか？
　　　簿記の守備範囲……………………………34
　　　3つの要素……………………………36
② どうデータとするのか？
　　　二面的にとらえる……………………………38
　　　発生順に整理する……………………………40
　　　ためしにデータを作ってみる……………………………42

第4章 データ加工作業（転　記）

① なぜ加工するのか？
加工しないと役にたたない ……………………………… 58

② どう加工するのか？
勘定科目ごとに整理する …………………………………… 60
ためしに加工してみよう …………………………………… 60
足し算の発想 ………………………………………………… 77

第5章 データ確認作業（試算表）

① なぜ確認するのか？
これまでの作業をチェックする …………………………… 80
全体像をつかむ ……………………………………………… 81

② どう確認するのか？
便利なフォーム「試算表」………………………………… 82
決して万能選手ではない …………………………………… 82
ためしに確認してみよう …………………………………… 83
「合計欄」はなにを示すのか？ …………………………… 86
「残高欄」はなにを示すのか？ …………………………… 89
3つの区分 …………………………………………………… 92
3つの区分で試算表をとらえる …………………………… 94

第6章 データ修正作業（精算表）

① なぜ修正するのか？
期間のズレを調整する …………………………………102
財産の歪みを調整する …………………………………104

② どう修正するのか？
便利なフォーム「精算表」………………………………106
ためしに修正してみよう ………………………………106
作業プロセスにおける最後のヤマ場 …………………108

③ 儲けと財産を把握する前提
儲けは一定期間で把握する ……………………………110
財産は一定時点で把握する ……………………………112

④ 期間のズレを修正する
「保険料」のカバーする期間 ……………………………114
「備品」のもたらす便益とは ……………………………120
「建物」のもたらす便益とは ……………………………124

⑤ 財産の歪みを修正する
実際にはいくら使ったのか ……………………………128
計算どおり財産が存在しているか ……………………134

第7章 データ表示作業（儲けと財産）

① なにを表示するのか？
代表的なふたつ …………………………………………140

最近「新顔」が加わった ……………………………………… **142**
　② **どう表示するのか？**
　　　精算表から抽出する ……………………………………… **144**
　　　試算表との兼ね合いで理解する ………………………… **148**
　　　貸借対照表の基本構造 …………………………………… **151**
　　　勘定科目の配列について ………………………………… **154**
　　　損益計算書の基本構造 …………………………………… **158**
　　　売上高 ………………………………………………………… **162**
　　　売上原価と売上総利益 …………………………………… **162**
　　　営業利益と経常利益 ……………………………………… **164**
　　　特別損益と税引前当期利益 ……………………………… **165**

第8章　作業をふりかえって

　① **仕訳のからくり**
　　　仕訳で始まり仕訳で終わる ……………………………… **168**
　　　仕訳のからくりを整理する ……………………………… **169**
　　　試算表の構造をイメージする …………………………… **170**
　　　仕訳のからくりは難しくない（1） ……………………… **174**
　　　仕訳のからくりは難しくない（2） ……………………… **176**
　② **勘定科目あれこれ**
　　　勘定科目を整理する ……………………………………… **180**
　　　覚えるのでなく慣れる …………………………………… **185**
　③ **もう少し細かい話**
　　　優先順位 ……………………………………………………… **186**
　　　時間の流れとともに作業を追う ………………………… **187**

「費用対効果」という視点 …………………………………188
応用動作について ………………………………………190

④ 本質を理解する
本質を理解する大切さ …………………………………194
経理担当者だけの方言ではない …………………………196

あとがき ……………………………………………………198

第1章 簿記の役割

この章では,「簿記とは何か？」「どんな役割を果たしているのか？」「誰が利用するのか？」といった基本的な点について解説します。

1 会社で起きたことを記録する

●「帳簿」に「記録」する

会社では日々さまざまな出来事が起きています。
「商品を仕入れた。」
「商品が売れた。」
「売れた商品に欠陥があって返品された。」
「給料を払った。」
「文房具を買った。」
「店頭の商品が万引きされた。」等・・・・。

　とびきり記憶力の良い人ならともかく，通常こうした出来事をすべて記憶しておくことは困難です。毎日のことですし，多くの数字がからむ話でもあるからです。

　また，日々の事業活動においてはまったく予期せぬ出来事に出くわしたり，その解決に長い時間を要することもしばしばです。

　さらに，会社内で働く人がひとりだけならともかく，大きな会社では何千人，何万人の従業員が同時にさまざまな企業活動に取り組んでいます。

　したがって，誰かが会社で発生する出来事をまとめて記録しておかないと，会社がいくら儲かっているのか，いくらの財産をもっているのかといったことがわからなくなってしまいます。さらには，「いま手元にいくらの現金があって，今月はあといくら現金を使えるのか」

といったこともわかりません。

　こうした会社を取り巻くさまざまな出来事を記録すること，より正確には「帳簿」というノートに「記録」する作業のことを「簿記」と言います。もっとも，最近ではノートでなく，コンピュータに入力する方法が一般的になりつつあるので，「コシ入」と呼んだ方が適当かもしれませんが・・・・。

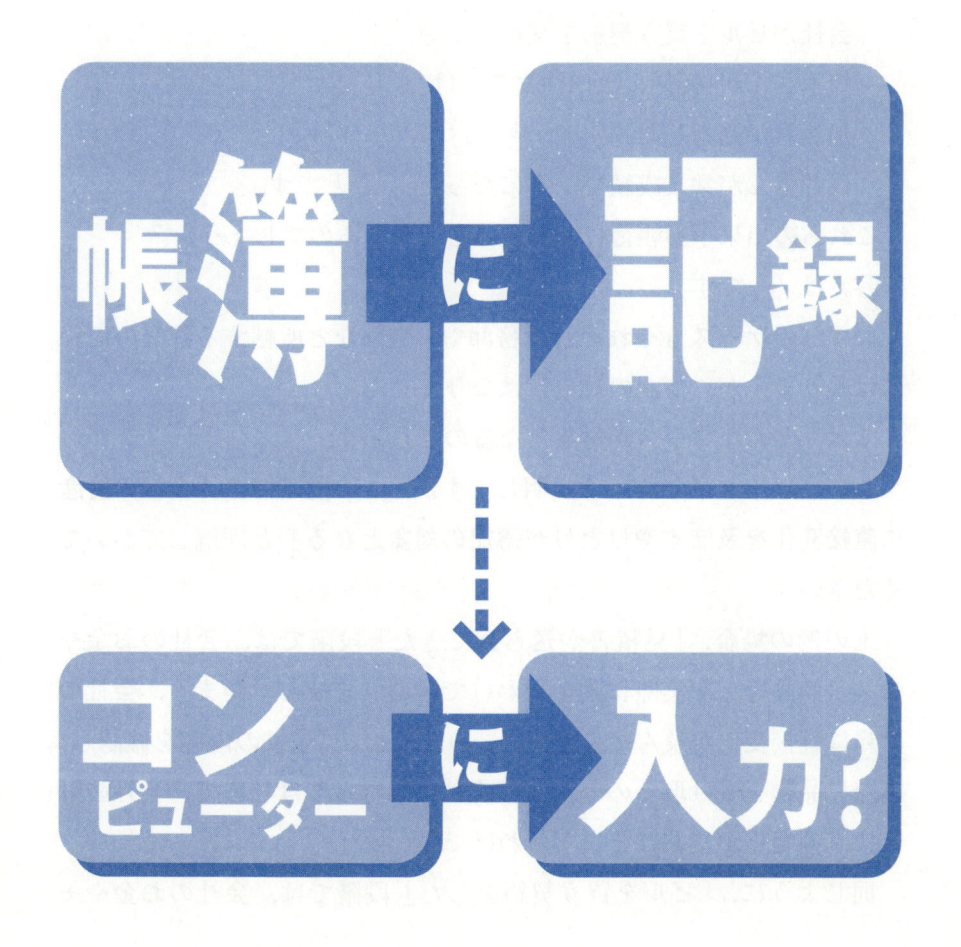

帳簿 に ➡ 記録

⬇

コンピューター に ➡ 入力?

● 記録する範囲

　会社で起こるさまざまな出来事を帳簿に記録する作業を簿記と呼ぶわけですが，いったいどの範囲の出来事までを記録すればよいのでしょう。

　先の例以外にも，会社ではさまざまな出来事が起こります。

　「仕入れ先から見積書が送られてきた。」

　「会社がビルを買う契約を交わした。」

　「鈴木さんが100個の大口注文を受けた。」

　「加藤君が遅刻した。」

　「浅井さんが営業成績で一番になった。」などです。

　これらの出来事も帳簿に記録する必要があるのでしょうか？

　答えはノーです。

　いずれのケースもそれぞれ総務部や営業部など所轄する部署の記録には残りますが，簿記の対象にはなりません。

　では，どんなケースが対象となるのでしょう。

　この点は第3章で詳しく説明しますが，この段階では**「会社の財産に直接変化を及ぼすやりとりが簿記の対象となる」**と理解しておいてください。

　上の例の場合，「見積書が送られてきた」段階では，会社のお金やモノ（商品等）が実際に動いたわけではありません。つまり，会社の財産に直接変化が及んだことにはなりません。見積書の内容を確認し，実際に品物を受け取るのと同時に支払いを行ってはじめて，会社の財産に直接変化が及ぶことになるわけです。

　同じように，「ビルを買う契約をした」段階では，会社のお金やモ

ノが実際に動いたわけではなく，会社の財産に直接変化が及んだことにはなりません。実際に物件の引き渡しを受け，支払い手続きをしてはじめて会社の財産に変化が及ぶわけです。

簡単なことのようですが，この点は慣れるまで若干わかりにくいかもしれません。が，慣れてしまえば簡単に判断できるようになりますので，心配はいりません。

逆に冒頭で取り上げたようなケース，すなわち，

「商品を仕入れた。」

「商品が売れた。」

「売れた商品に欠陥があって返品された。」

「給料を払った。」

商品の仕入

金融機関からの借入

費用の支払い

物品の購入

「文房具を買った。」

「店頭の商品が万引きされた。」

などは，いずれもこの段階で会社のお金やモノが動いています。つまり，会社の財産に変化が及んでいるわけです。したがって，簿記の対象になるやりとりと言えます。

このように会社のさまざまな出来事を帳簿に記録する作業とはいっても，簿記の対象となるのは一定の条件を満たすやりとりに限られます。

● 将来の計画に役立てる

簿記が会社で起こるさまざまな出来事を記録する作業であること，そして，その対象となるのは一定の条件を満たすやりとりであること，についてはご理解いただけたと思います。

ただし，簿記の役割はこれだけではありません。過去に発生したやりとりを記録するのも簿記の大切な役割ですが，将来に向けて会社がさまざまな計画を立てる上でも大きな役割を果たします。

第2章で簿記の全体像にふれますが，**簿記では帳簿に記録した個々の出来事を関連する項目ごとに加工し，最終的に「儲けをまとめて示す表」や，「財産の状況をまとめて示す表」などを作成**します。会社の経営者は，これらの表を使って過去に実行した計画の適否を検証したり，今後の計画を立てる上での参考にしたりします。

過去の史実を記録した歴史書からわれわれが多くの教訓を学び，自らの生活に活かすのに似ていますね。

このように，簿記は過去の事実の記録だけでなく，経営者の将来に向けての舵取りにおいても大きな役割を果たしているのです。

第1章 簿記の役割 7

② 帳簿をつけるさいのルール

● みんなが守る決まりごと

　会社の経営者は簿記で作られる「儲けをまとめて示す表」や「財産の状況をまとめて示す表」を使って，過去に実行した計画の適否を検証したり，今後の計画を立てる上での参考にしたりするわけですが，これらの表を利用するのはその会社の経営者に限りません。

　会社の内外には実に多くの利害関係者がいます。そこで働く従業員はもとより，株主，取引銀行や取引企業，税務署などです。

　従業員の場合，毎日の生活の糧を会社から得ているわけですから，「自分の働く会社はどのぐらい儲かっているのだろう」，「今度のボーナスは増えるだろうか」といったことが気になって当然です。最近は景気低迷の折から，「自分の会社は倒産するようなことはないだろうか」といった深刻なケースもあるでしょう。

　簿記を利用して作られる「儲けをまとめて示す表」や「財産の状況をまとめて示す表」は，こうした疑問に答える役割を担っています。

　また，取引銀行や取引企業は，「貸した金を返してもらえるだろうか」，「納品した商品の代金を約束の日に支払ってもらえるだろうか」といったことが気にかかりますし，税務署は「税金の計算が正しく行われているか」を確認する必要があります。

　簿記を利用して作られる「儲けをまとめて示す表」や「財産の状況をまとめて示す表」は，こうした疑問に答える役割も担っています。

したがって，これらの表の作り方には一定のルールがなくてはなりません。作り方が会社によってまちまちであれば，作成した当事者以外には内容が理解できないからです。

　こうした事情もあって開発されたのが「簿記」の帳簿記入ルールです。会社の財産に影響を及ぼす出来事を，あらかじめ決められた一定のルールにしたがって整理し，加工し，「儲けをまとめて示す表」や「財産の状況をまとめて示す表」にすれば，だれが見ても会社のおかれている状況を読みとることができるからです。

●イタリアで考案された優れ(すぐ)モノ

　簿記の帳簿記入ルールには，単式と複式の2種類があります。
　単式簿記は取引を一面的に捉(とら)えた原始的な方法であり，家計簿やおこづかい帳などに使われることはあっても，通常の企業の経理処理に使われることはほとんどありません。大多数の企業が取引を二面的に捉える方法，つまり**複式簿記**を使っていると考えて差し支えありません。これは日本のみならず万国共通です。
　本書も当然のことながら複式簿記を前提にしています。
　この複式簿記は今から約500年前にイタリアで考案されたものですが，当時から基本は変わっていません。企業活動を記録する上ではそれほど画期的な方法であり，便利なものなのです。
　ただし，われわれの日常生活には縁がないため，経理関係の仕事をしている人以外には馴(な)染(じ)みが薄いのも事実です。
　この複式簿記にはどんな特徴があるのかを本書で徐々に明らかにしていくわけですが，本当に便利なものを考えてくれたものだと，つくづく感じます。複式簿記を深く知れば知るほど私はこの思いを強くしています。
　この本を通じてひとりでも多くの方が複式簿記のおもしろさ，便利な仕組みを実感いただけることを願ってやみません。

第2章

作業のおおまかな流れ

この章では，簿記の全体像をつかむこと，おおまかな流れをつかむことを目的に「作業の流れ」「5つのステップ」について解説します。

① 全体像をつかむ

● 木を見ずに森を見ることから

　会社の出来事を帳簿に記録するための約束事を学ぶという性格上やむをえない面があるものの，簿記の学習においてはとかく記録するさいのルールや細かい決まり事に目を奪われがちです。

　しかし最初は細かい点にとらわれず，全体像を把握することに努めてください。いったん全体の輪郭がつかめると，個々の構成要素に対しても興味がわいてくるため細かいルールも理解しやすくなるからです。

　また，個々に学習するテーマが全体の中でどういう位置づけにあるのかを知った上で個別テーマを学習するのと，そうでないのとでは理解の度合いも違ってきます。

　本書の構成を考えるにあたってはこの点を特に配慮しました。

　本項でまず全体像を，この章の残りの部分で全体の作業の流れを概説します。その上で，第3章以降5つのステップで全体の流れを解説していきます。

　解説にさいしても，簿記の全体像，その本質を理解するうえで最低限必要な項目だけに絞り，付随的な要素や枝葉的な要素を極力割愛しました。本質的なテーマにより多くの紙面を充てるためです。

　読者の方もどうかこの点を意識して読み進めてみてください。

　まずは「木を見ずに森を見る」です。

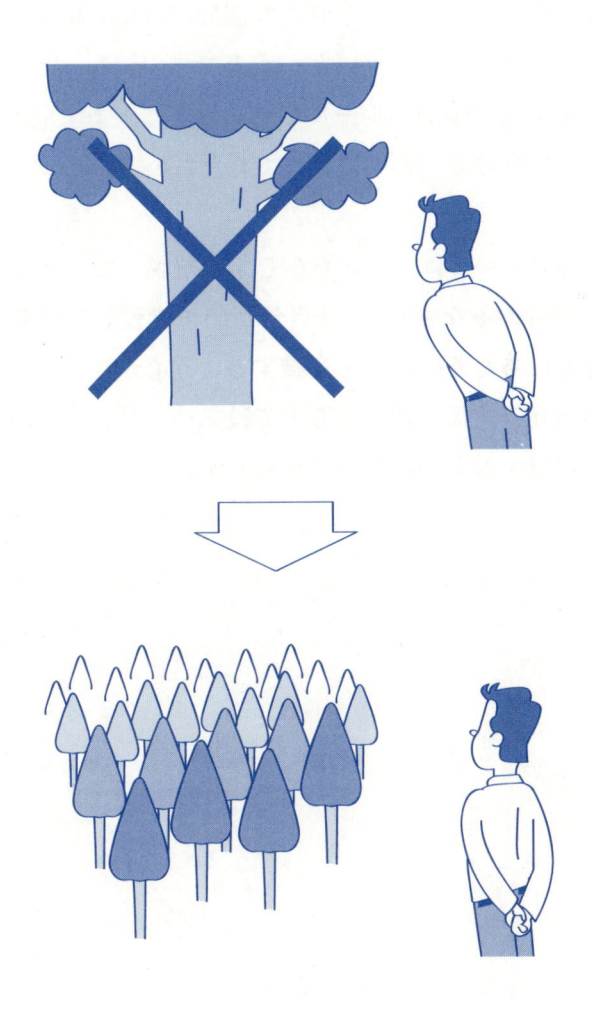

第2章　作業のおおまかな流れ　13

🔵 おおまかな流れ

　複式簿記の作業の流れを，本質的な部分だけで表現すると次頁のようになります。とても粗っぽいとらえ方ですが，もっとも大切な骨格部分です。小手先の細かいルールを覚える前に，まず全体をこのような5つの過程に分けて頭の中に入れてください。

　個々の内容についてはこれから少しずつ解説していきます。
　このさい読者のみなさんは，「**自分がいま学習している内容が全過程のどの部分にあたるのか**」を意識するよう心がけてください。これは，各作業相互の関係を理解する上で役立つと共に，当該作業そのものの意義を理解する上でも有用だからです。

作業のおおまかな流れ

```
データ作成作業      仕訳作業
     ↓
データ加工作業      転記作業
     ↓
データ確認作業      試算表の利用
     ↓
データ修正作業      精算表の利用
     ↓
データ表示作業      儲けと財産
```

● 第3章以降の内容をダイジェストで

　本章の **❷**～**❻**は，第3章以降のダイジェスト版です。

　第3章～第7章では，簿記の作業をデータ作成作業，加工作業，確認作業，修正作業，表示作業の5つに大別して解説していますが，本章の **❷**～**❻**でその概要を簡単に紹介し，全体像の把握に役立てていただきます。

　したがって，基本的な内容は重複しています。違っているのは，本項が骨格部分の解説だけにとどめている点と専門用語の使用を差し控えている点です。本章のテーマはあくまでも「作業の大まかな流れをつかむこと」です。この段階では，全体像とそれぞれの作業の全体の流れの中での役割，およびその概要を理解することが肝要であり，それを専門的にどう表現するかはあまり重要ではありません。

　簿記では独特の専門用語が多数使われます。簿記に馴染みのない初心者にとって，しばらくの間こうした専門用語にふれることには苦痛が伴います。

　と同時に，本文の中で専門用語が多用されると，これらに慣れていない人の注意はテーマの大きな流れを離れて枝葉末節の部分に向かいがちです。

　このため，この章では全体の輪郭の解説にとどめ，それらを専門的にどう表現するかは第3章以降に譲りました。

　このような構成になっていますので，ある程度全体像が理解できている方は，本章の以下の項を飛ばしていきなり第3章からお読みいただいても差し支えありません。

　また，簿記の基本がある程度理解できている方で，部分的に確認し

たい箇所がある方は，該当する章だけを読むための索引として以下の部分をお使いいただいても結構です。

　ではさっそく始めましょう。

② データ作成作業（仕訳）

● なにをデータとするか？

　簿記が会社で起こるさまざまな出来事を帳簿に記録する作業である点については，すでに学んだとおりです。

　会社で起こる出来事すべてを記録するわけではなく，一定の条件を満たす出来事，つまり「会社の財産に変化を及ぼす出来事」だけを記録する点についても学びました。

　したがって，『基礎データ作成作業』の中でイの一番にやらなくてはならないのは，それぞれのやりとりが「**会社の財産に変化を及ぼすかどうか**」の見極めです。「**データとすべき出来事かどうか**」の確認であり，「最初の最初」の作業です。

　「データとすべき出来事かどうか」が確認できたら次は，その出来事の「なにをデータとするか」です。記録すべきひとつひとつの出来事の「**どの範囲までをデータ化するか**」です。

　たとえば，「商品が売れた」という出来事ひとつとっても，どの品番の，どの色の，どのサイズの，どんな大きさの商品が，いつ，だれに対して，どれだけの量あるいは数，どこで，だれによって，どのように引き渡し，どんな支払い方法で売れたのか，といった具合にさまざまな情報を含みます。

　ただし，ひとつひとつの出来事を構成するこうした情報のすべてを，

簿記のデータとするわけではありません。これらの情報のうちで簿記の作業上もっとも重要な情報は次の3つです。

> **なにをデータとするか**
> 1. いつ（年月日）
> 2. なにに（どんな種類のやりとりか）
> 3. いくら（金額）

さきの例で言えば，
1. 商品を引き渡した年月日
2. 商品の売上（引き渡し）があった事実とその支払い方法（現金か後払いか）
3. 商品の売上金額

の3つです。

　その他の情報，たとえば商品の色やサイズの情報も，出し入れのあった商品の内容を確認する上では大切な情報ですし，だれに対して販売したかも大切な情報には違いないのですが，ここではまず上の3つの要素をしっかり押さえてください。次の「どうデータとするか」という点に深くかかわってくるからです。

　簿記では，会社で起こるさまざまなやりとりを整理して最終的に会社の儲けと財産を表示します。この過程で発生するデータの加工作業は，基本的に上の1と2の情報をベースにして行われます。「やりとりの種類」ごとの情報を「発生順に」整理して行われるのです。さらに，最終的な儲けと財産は「金額」で表示しますから，3の情報も必要になります。

● どうデータとするのか？

「なにをデータとするか」が確認できたら，次は「どうデータとするのか」です。

これは仕訳（しわけ）という複式簿記特有の方法で行われます。

もっとも大切な基礎データ作成作業です。このデータが間違っていれば，この後の作業がいくら正確に行われても結果として正確な情報は得られません。

仕訳作業の最大の特徴は，個々のやりとりを2面的にとらえて左右に書き分ける点にあります。

たとえば，「会社で使用する机を現金で買った」という行為は，「机という財産を手に入れる一方で，現金という財産を失う」という具合に並列的（へいれつてき）にとらえることもできますが，現金を中心に考えれば，「机という財産を手に入れたために，現金という財産を失った」という因果関係（いんがかんけい）でとらえることもできます。

このように個々のやりとりを2面的にとらえて，それぞれの面を左右に書き分ける形で記録するのが，複式簿記の最大の特徴です。

これを，やりとりの発生順に整理するため，次頁のようなイメージとなります。

さきに確認した3つの要素（いつ，どんな種類のやりとりに，いくら）を，このような形で個々のやりとりごとに整理していきます。

慣れるまではしっくりこないと思いますが，いったん慣れてしまえばなんのことはありません。まず，**個々のやりとりを2面的にとらえて，左右に書き分けるのが仕訳作業**である点をしっかり頭に入れてください。

仕訳のイメージ図

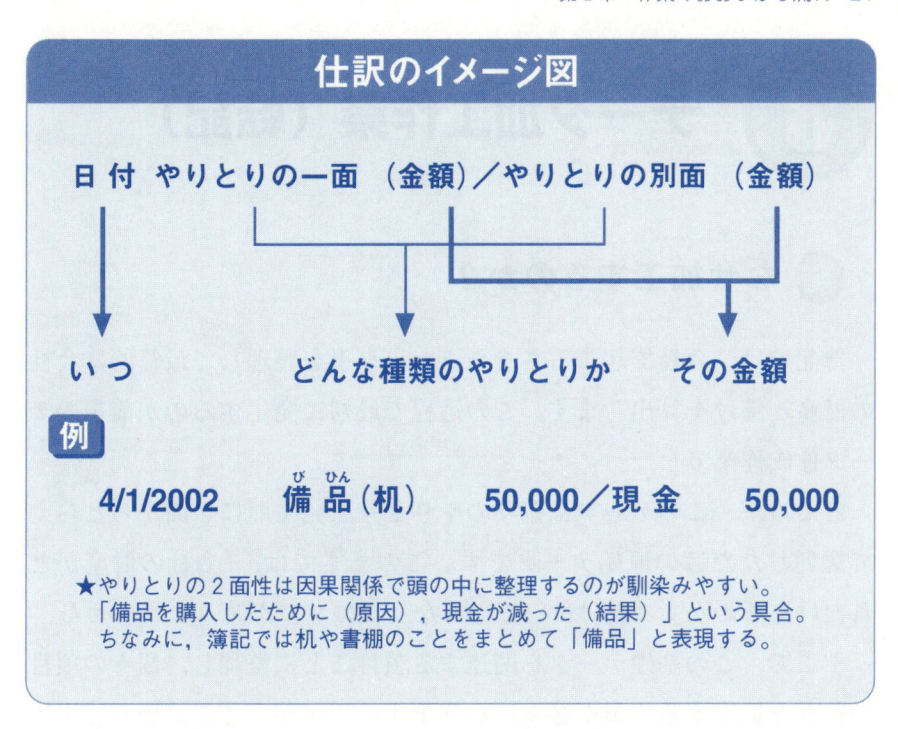

日付　やりとりの一面（金額）／やりとりの別面（金額）

いつ　　　　どんな種類のやりとりか　　その金額

例

4/1/2002　　備品（机）　　50,000／現　金　　50,000

★やりとりの2面性は因果関係で頭の中に整理するのが馴染みやすい。
「備品を購入したために（原因），現金が減った（結果）」という具合。
ちなみに，簿記では机や書棚のことをまとめて「備品」と表現する。

どちらの要素を左側に書き，どちらを右側に書くかについては，第3章で解説します。

参考までに，下に「データ作成作業のポイント」を整理しておきますので，ご確認ください。

データ作成作業のポイント

1. 「なにをデータとするか」
　　その判断基準と内容（3つの要素）
2. 「どのようにデータとするか」
　　その形式

3 データ加工作業（転記）

● なぜ加工するのか？

　簿記では，会社で起こるさまざまな出来事を整理して最終的に会社の財産と儲けを算出します。この過程で最初に発生するのが前項のデータ作成作業でした。

　ところが，このデータは個々のやりとりを発生順に2面からとらえて羅列しただけの原始データです。このままでは，「会社の財産がどれだけあるのか」，「儲けはいくらになったのか」が読みとれません。

　そこで，この基礎データを関連する項目ごとに整理し，個々の項目の総計を算出する作業が必要になります。これが，ここで扱う加工作業です。

第 2 章　作業のおおまかな流れ　23

建物……
備品……

当期純利益……

どう加工するのか？

この作業は**転記**(てんき)と呼ばれるデータ移し換え作業です。簿記の作業過程を大きく5つに分けると2番目の過程にあたります。

この作業の特徴は，アルファベットのTの字に似た升(ます)**を使う点**です。

ここでは，前段階で作成した原始データ（2面的にとらえたうえで左右に整理したもの）を，**やりとりの種類ごとに整理**していきます。下の図のイメージです。

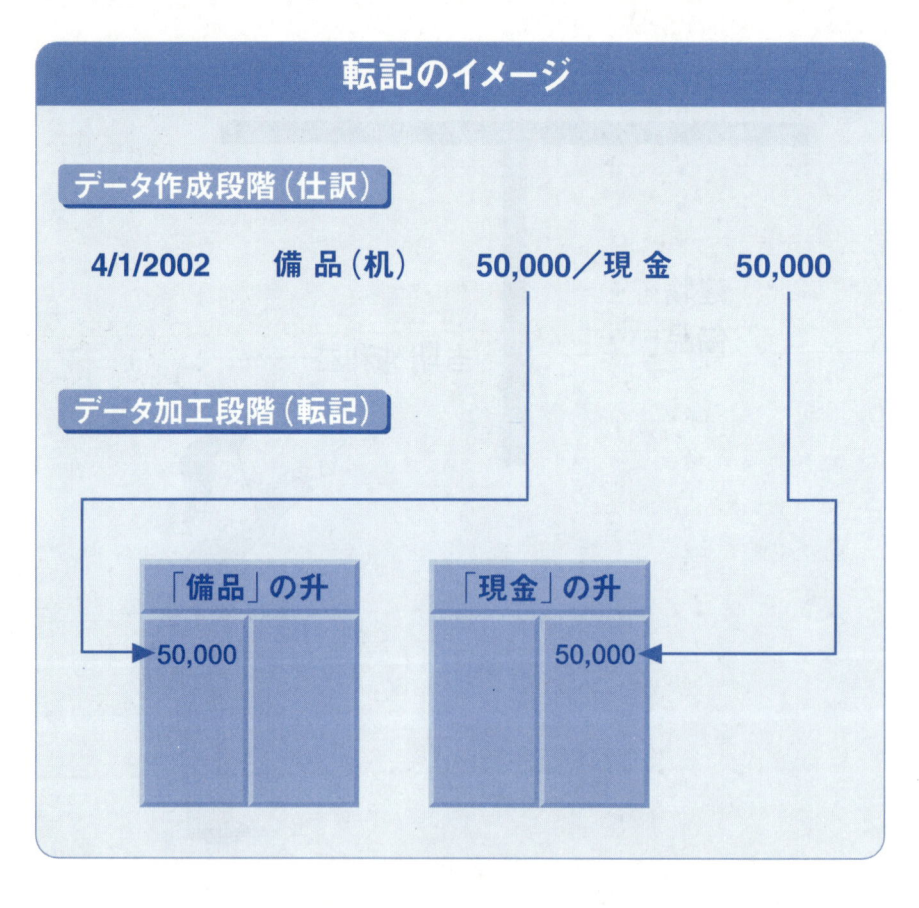

転記のイメージ

データ作成段階（仕訳）

4/1/2002　　備 品（机）　　50,000／現 金　　50,000

データ加工段階（転記）

「備品」の升　　　　「現金」の升
50,000　　　　　　　　　　50,000

升へ書き込むさいのルールについては第4章で解説しますが，ここでは仕訳の段階で左側に記録されたものは升の左側へ，右側に記録されたものは升の右側へ移す点だけを押さえておいてください。

ここまでの解説ですでにお気づきの方もいると思いますが，複式簿記においてはデータの作成段階においても加工段階においても，常にデータの2面性を左右の枠組みで整理します。これが複式簿記の大きな特徴であり，処理の本質です。

参考までに，下に「データ加工作業のポイント」を整理しておきましたので，ご確認ください。

> **データ加工作業のポイント**
> **1**　「なぜ加工するのか」
> 　　　　　　　その理由
> **2**　「どのように加工するのか」
> 　　　　　　　その形式

④ データ確認作業（試算表）

● なぜ確認するのか？

ここでの確認作業には，おもに2つの目的があります。

ひとつ目の目的は，ここまでの作業，すなわち最初のデータ作成作業，それに続くデータ加工作業に漏れや誤りがなかったかを確認すること。次の作業に移る前に，これまでの作業が適切に行われているかどうかを検証するわけです。

ふたつ目の目的は，ここまでのやりとりの全体像を確認すること。発生したやりとりすべての記録を1ヵ所に集めて，この時点でのおおよその儲けや財産の状況を確認するのです。

● どう確認するのか？

この作業は**試算表**（しさんひょう）というフォームを使って行われます。

試算表も複式簿記に特徴的なフォームです。発生したやりとりすべての記録をこのフォームに集めると，ここまでのデータ作成作業や加工作業に漏れがなかったか，あるいは誤りがなかったか，等の確認が簡単に行えます。

と同時に，発生したやりとりの全体像が簡単に確認できる便利なものです。

フォームの具体的な内容については，第5章で解説します。ここで

は，試算表というフォームにすべての情報を集約してこの確認作業を行う点だけを押さえておいてください。

　下に「データ確認作業のポイント」を整理しておきましたので，今後の学習の参考にしてください。

データ確認作業のポイント

1. 「なぜ確認するのか」
　　　　その目的
2. 「どのように確認するのか」
　　　　その形式

5 データ修正作業（精算表）

なぜ修正するのか？

　後で詳しく説明しますが，会社の儲けは一定期間の売上と費用を対比して求めます。この場合の「一定期間」は通常1年です。

　このさい，毎月コンスタントに発生している費用などは，普通に簿記の記録を重ねていけばその期間の売上と対比できるのですが，不規則に発生する費用などの中には，儲けを計算する単位である「一定期間」（通常1年間）を跨ぐものが出てきます。こうした費用については，「一定期間」の儲けを計算するさい，期間的なズレを微調整しなくてはなりません。

　一方，「一定期間の最後」には，「会社がどれだけの財産をもっているか」を計算しなくてはなりません。

　このさい，計算上の財産価値と実際の財産価値とにズレが生じていることが多々あります。財産に傷みが生じていて計算上の財産価値を下回っているようなケースです。このような場合，生じた傷みを財産計算に反映させるための微調整をしなくてはなりません。

　このように財産を計算するさい財産的な傷みを調整したり，儲けの計算のさい期間的なズレを調整したりするために，この段階で「データの修正作業」が必要になるのです。

　簿記の作業過程を大きく5つに分けると4番目の過程にあたります。

🔵 どう修正するのか？

　この作業はおもに**精算表**(せいさんひょう)というフォームを使って行われます。さきの「データ確認作業」で使用した試算表に調整を加えたフォームです。

　試算表と同じように，やりとりすべての加工データをこのフォームに集めて修正作業を行います。

　フォームの具体的な内容については，第6章で解説します。ここでは，精算表というフォームにすべての情報を集約して修正作業を行う点だけを押さえておいてください。

　下に「データ修正作業のポイント」を整理しておきましたので，今後の学習の参考にしてください。

データ修正作業のポイント

1　「なぜ修正するのか」
　　　　　　その理由

2　「どのように修正するのか」
　　　　　　その形式

6 データ表示作業（儲けと財産）

● なにを表示するのか？

改めて言うまでもなく，「会社がいくら儲かっているのか」，「どれだけの財産をもっているのか」の表示です。

ここまで積み重ねてきたデータの作成，加工，確認，修正作業に続く「仕上げの作業」です。

逆に言えば，ここまでの作業は最終的に会社の儲けと財産の状況を計算し，表示するために行われているのです。

● どう表示するのか？

この作業には，儲けをまとめて示す損益計算書（そんえきけいさんしょ）というフォームと，財産の状況をまとめて示す貸借対照表（たいしゃくたいしょうひょう）というフォームが使われます。簿記の作業過程を大きく5つに分けた場合の最後の過程にあたります。

損益計算書には，一定期間の売上とそれにかかった費用などが対比して示され，その差額として儲けが表示されます。この作業は，本業部分，本業以外の分，特定の年度に発生した特殊要因などの分を分けて行われます。

貸借対照表には，一定期間の最終時点での保有財産の内訳が，その資金的裏付けと対比される形で表示されます。

それぞれの具体的表示方法については第7章で詳述します。ここでは，簿記の仕上げの段階で，会社の儲けと財産の状況を算出し，それぞれを損益計算書と貸借対照表というフォームに表示する点を頭に入れておいてください。

下に「データ表示作業のポイント」を整理しておきましたので，今後の学習の参考にしてください。

> **データ表示作業のポイント**
> 1 「なにを表示するのか」
>   　　　　その内容（2つの要素）
> 2 「どのように表示するのか」
>   　　　　その形式（2つのフォーム）

この段階での重要ポイント！

『作業のおおまかな流れをつかむこと』こそ重要であり、

『個々の作業をどう表現するか』はあまり重要でない！

第3章

データ作成作業
仕　訳

この章では，簿記の作業を5段階に分けた場合の最初のステップ「データ作成作業」（仕訳作業）について解説します。

1 なにをデータとするのか？

● 簿記の守備範囲

　一定の条件を満たす会社内の出来事，つまり「会社の財産に変化を及ぼす出来事」を記録するのが簿記の基本作業です。

　したがって，『基礎データ作成作業』の中でイの一番にやらなくてはならないのは，それぞれのやりとりが**「会社の財産に変化を及ぼすかどうか」**の見極めです。このことは，第1章でもいくつかの具体例を作って確認しました。

　たとえば，「商品が売れた」のは，その時点で会社のお金やモノが実際に動いており，「会社の財産に変化が及んだ」と見なされます。

　一方，「ビルを買う契約をした」のは，その時点で会社のお金やモノが実際に動いたわけではなく，「会社の財産に変化が及んだ」とは見なされません。

　このように，それぞれのやりとりが「会社の財産に変化を及ぼすかどうか」の確認は，「簿記の守備範囲となるやりとりかどうか」の確認であるとも言えます。この確認作業で**簿記の守備範囲と見なされるやりとりのことを「取引」**(とりひき)**と呼びます。**

　つまり，「商品が売れた」のは簿記上の「取引」ですが，「ビルを買う契約をした」のは簿記上の「取引」ではありません。

　ここからもおわかりのとおり，簿記上の「取引」の意味するところは一般にいう「取引」の意味するところと若干異なります。「ビルを

買う契約をした」行為は，一般には「取引」と呼ばれることもありますが，簿記上は「取引」と見なされません。

逆に，一般には「取引」と呼ばないようなやりとりでも，簿記上は「取引」と呼ぶケースがあります。このことは第6章で詳述します。

このことを図に表わすと下のようになります。

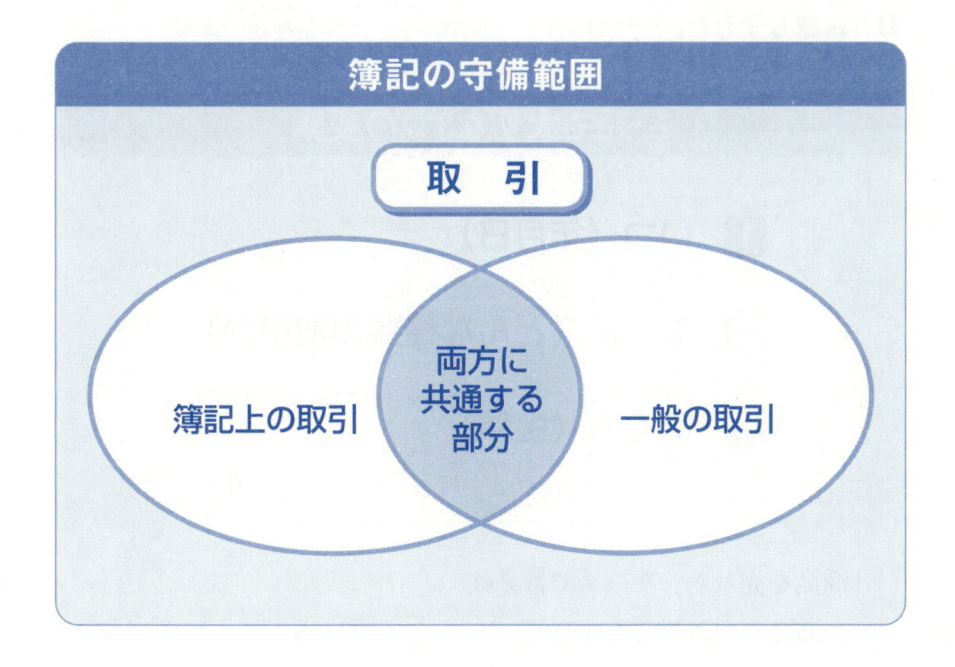

簿記の守備範囲

取　引

簿記上の取引　両方に共通する部分　一般の取引

🔵 3つの要素

「データとすべきやりとりかどうか」, すなわち「簿記上の取引かどうか」を確認した後に問題となるのが, その取引の**「どの範囲までをデータとするか」**です。

これについては, 第2章で「もっとも大切な3つの要素」を次のとおり確認しました。

もっとも大切な3つの要素

1. いつ（年月日）？
2. なにに（どんな種類の取引か）？
3. いくら（金額）？

「商品を売った」ケースで言えば,

1. 商品を引き渡した年月日
2. 商品の売上（引き渡し）があった事実とその支払い方法（現金か後払いか）
3. 商品の売上金額

の3つがもっとも大切な情報です。

その他の情報, たとえば「販売した商品の色やサイズ」の情報も, 出し入れのあった商品の在庫内容を確認する上では大切な情報です

し，「だれに対して販売したか」も販売先ごとの債権を管理する上では大切な情報に違いないのですが，簿記の基本データとしては不要です。

② どうデータとするのか？

● 二面的にとらえる

　簿記上の「取引」であることを確認し，その取引の3つの要素が確認できたら，これを具体的なデータとしなくてはなりません。
　これは**仕訳**（しわけ）という複式簿記特有の方法で行われます。「仕訳」作業の最大の特徴は，個々の取引を2面的にとらえて左右に書き分ける点にあります。
　たとえば，「会社で使用する机を現金で買った」という行為は，「机という財産を手に入れる一方で，現金という財産を失う」という具合に並列的にとらえることも可能ですが，現金を中心に考えれば，「机という財産を手に入れたために，現金という財産を失った」という因果関係でとらえることもできます。
　このように個々の取引を2面的にとらえて，それぞれの面を左と右に書き分ける形で記録するのが，複式簿記の最大の特徴です。
　ところで，左右に書き分けるさいの**左側／右側**を，正式には「**借方**（かり かた）／「**貸方**（かし かた）と呼びます。この難解な表現は，中世の信用取引のさいイタリアの銀行で使用された記録方法の名残であると言われています。当初は現実的な意味もあったようですが，今日では集計上の区分を示す記号としての意味しかもちません。したがって，学習を進めていく上では，単に「左」「右」と見分けるだけでもまったく支障ありません。大切なのは，2面的にとらえた取引のどの要素を左側に記

入し，どの要素を右側に記入するかという点であり，「左側」「右側」をそれぞれどう表現するかではありません。

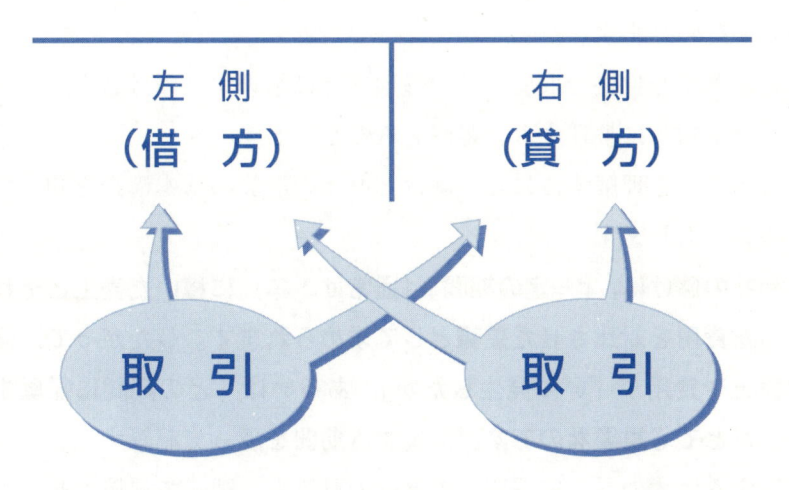

```
         左 側              右 側
        （借 方）          （貸 方）
           ↑  ↖    ↗   ↑
           │    ╲ ╱     │
           │    ╱ ╲     │
         ┌─┴─┐          ┌─┴─┐
         │取引│          │取引│
         └───┘          └───┘
```

● 発生順に整理する

データの加工作業は,「取引の種類ごとの情報」を「発生順」に整理して行われます。

さまざまな性格の取引をその種類ごとに整理するのはともかく,なぜ「発生順」に整理する必要があるのでしょう。

このことを理解するには,儲けと財産の計算の基本構造を知っておく必要があります。

会社の儲けは,「一定の期間」(通常は1年)に稼いだ売上とそれに要した費用を対比させた差額として求められます。したがって,個々の売上や費用が「いつ発生したか」,あるいは「どの期間に帰属するか」がとても重要なのです。帰属する期間を誤って記録すると,本来帰属するはずの「一定期間」の儲けの計算も,誤って帰属させられた「一定期間」の儲けの計算も狂ってしまうからです。

一方,会社の財産は,儲けを計算する「一定期間」の最終日の状態で記録されます。会社の財産状態は日々刻一刻と変化しており,儲けのように一定の期間を区切って把握できる性格のものではありません。むしろ**人為的に一定の時点を決めて,その瞬間の財産状況を測る方が理にかなっています。**

こうしたことから,会社の儲けや財産を正確に計算する上で個々の取引が「いつ発生したか」,すなわち「取引を発生順に記録すること」が重要になるのです。

参考までに,次頁に仕訳のイメージ図を再掲しました。

仕訳のイメージ図

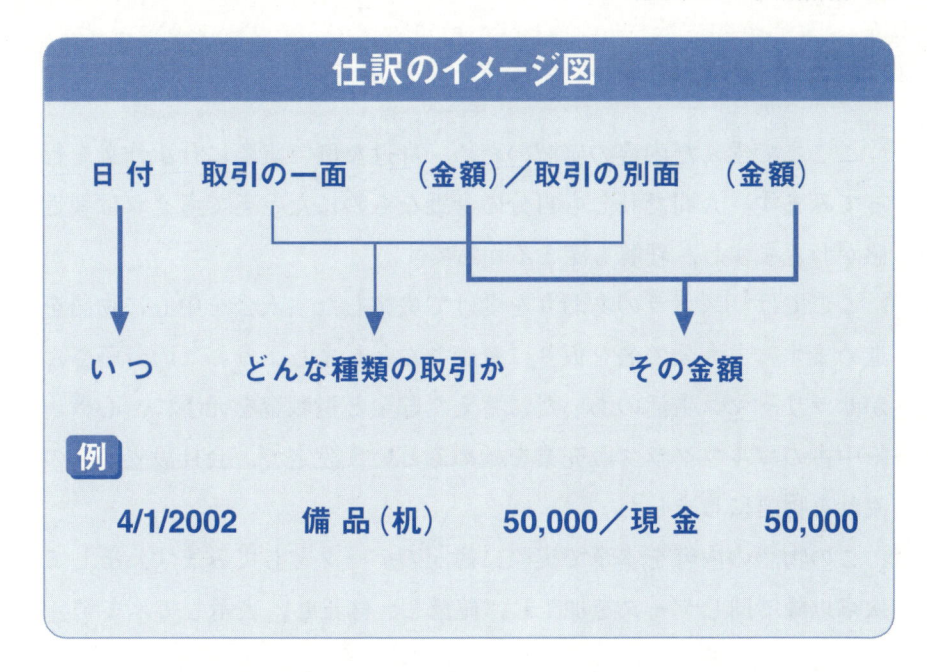

日付　　取引の一面　　（金額）／取引の別面　　（金額）

いつ　　どんな種類の取引か　　　その金額

例

4/1/2002　　備品（机）　　50,000／現金　　50,000

　さきに確認した3つの要素（いつ，どんな種類のやりとりに，いくら）を，個々の取引ごとにこのような形で整理していきます。

　では，上のケースでなぜ備品が左側に記入され，現金が右側に記入されているのでしょう。

　この理屈は，次の具体例で説明します。

● ためしにデータを作ってみる

　ここまで学んだ内容の確認のため，身近な例で実際に仕訳作業を行ってみます。人間だれしも自分の身近なものにたとえて考えれば親近感がわきますし，理解も深まるからです。

　ここではリストラのあおりを受けて失業した主人公を中心に物語を進めます。主人公の名を仮りに斉藤さんとしましょう。この斉藤さんがサラリーマン生活のあいだに蓄えた貯金と退職金を元手に，心機一転中古のゴルフクラブ販売業を始めるという設定で，会社設立からの流れを物語にしました。

　この物語の内容を本章で実際に簿記のデータとしてみます。そして次章以降で同じデータを加工し，確認し，修正し，表示してみます。

第3章 データ作成作業　43

会社を作りました

　2002年4月1日　斉藤さんは貯金と退職金合わせて1,000万円を都内のABC銀行に預金，株式会社サイトーを設立しました。

　2002年4月3日　斉藤さんは会社で使用する机とイス，書類整理のための書棚を買うことにし，同日近所の家具屋さんから20万円の見積書を受け取りました。

　2002年4月4日　斉藤さんは家具屋さんと交渉の末，2万円まけてもらい，同日机，椅子，そして書棚を納品してもらいました。支払いは納品のさい現金18万円で済ませました。

　2002年4月5日　斉藤さんは会社で使用する筆記具や便箋などの消耗品を，15万円の現金払いで購入しました。

　手始めに，この物語の内容を簿記データにします。
　この物語の内容は発生日により大きく4つのやりとりに分けることができます。この4つのやりとりを以下のとおり仕訳します。

❶　4月1日　会社の設立

　会社の財産に具体的な変化が生じており，簿記上の「取引」と認められます。したがって，次のとおり仕訳を行います。

> 4月1日　現　金　　1,000／資本金　　　1,000

(注)正確には，設立時の資本金はまず「別段預金」という特殊な預金名，ならびに「新株式払込金」で仕訳を行い，その後「資本金」に振り替えますが，ここでは敢えて仕訳を単純にします。現金の動きを中心に仕訳のしくみをわかりやすく説明するためです。

　慣れるまでは現金の増減をベースに頭の中を整理するとわかりやすいと思います。つまり，現金の増減を事実（結果）とし，取引の別の面をその原因として整理するのです。
　このさい，「現金が増える取引は常に『現金』を左側へ，増える原因を右側へ記入する」と考えてください。
　反対に，「現金が減る取引は常に『現金』を右側へ，減る原因を左側へ記入する」と考えるわけです。
　この場合で言えば，現金の増加という事実（結果）をベースに考え，「増える取引」だから現金を左側へ記入し，その原因である出資（資本金）を右側へ記入するという具合です。
　現金がからまない取引については後ほど説明しますが，慣れるまではこのように現金の増減をベースに左／右の関係を理解しておいてください。

❷ 4月3日　見積書の受領

　見積書を受け取った段階では会社の財産に具体的な変化が生じておらず，簿記上の「取引」には該当しません。したがって，仕訳は不要です。

❸ 4月4日　備品の購入

　会社の財産に具体的な変化が生じており，簿記上の「取引」と認められます。したがって，次のとおり仕訳を行います。

> **4月4日　備　品　　18／現　金　　18**

　これは「現金が減る取引」であるため，現金の減少という事実（結果）を右側に，その原因である備品の購入を左側に記入します。
　ところで，机や椅子，そして書棚のことを「備品」と表現しています。このように，**簿記上のさまざまな取引の内容を簡潔に表現する呼び名を「勘定科目」**と言います。
　❹のケースで言えば，「消耗品」が筆記具や便箋をまとめて表わす勘定科目です。
これも当初はしっくりこないと思いますが，慣れてしまえばなんのことはありません。さまざまな仕訳を経験するうちに自然に身につきます。ただし，勘定科目は会社によってそのカバーする内容が微妙に異なりますので注意が必要です。

第3章　データ作成作業　47

現金預金　〇〇〇〇

有価証券　〇〇〇〇

❹ 4月5日　消耗品の購入

　会社の財産に具体的な変化が生じており，簿記上の「取引」と認められます。したがって，次のとおり仕訳を行います。

> 4月5日　消耗品　　15／現　金　　15

　これは「現金が減る取引」であるため，現金の減少という事実（結果）を右側に，その原因である消耗品の購入を左側に記入します。

　ところで，この仕訳作業は仕訳帳という専用のノートを使って行われます。仕訳帳の各頁は通常次頁のようなレイアウトとなっており，その記入方法と併せてご参照ください。

　ただし，ノートへの正確な記入方法を覚えるのは後回しで結構です。入り口の段階でもっとも大切なのは，取引を2面的にとらえて左／右に書き分ける記入メカニズムの正確な理解です。本書ではこの点を重視し，敢えて単純化した記入方法で解説しています。

仕訳帳の記載例

日付		摘要	元丁	借方	貸方
		前ページより		850000	850000
4	15	(備品)	4	30000	
		(現金)	1		30000
		(備品の購入)			
	17	(買掛金)	11	20000	
		(現金)	1		20000
		(買掛金の支払い)			
	20	(商品)	3	50000	
		(現金)	1		25000
		(買掛金)	11		25000
		(商品の仕入れ)			
	25	(現金)	1	30000	
		(売掛金)	2	30000	
		(商品)	3		40000
		(商品売買益)	31		20000
		(商品の売上げ)			
		次ページへ		1050000	1050000

クラブを仕入れて売りました

　2002年4月15日　近所に住む鈴木さんから中古のゴルフクラブを売りたいとの連絡を受け，斉藤さんは株式会社サイトーとして5万円の現金でこれを買いました。

　2002年4月18日　「鈴木さんの所有していたゴルフクラブを50万円で買いたい」との連絡を加藤さんから電話で受けました。

　2002年4月20日　株式会社サイトーを訪ねてきた加藤さんに対し，50万円の現金と引き替えにゴルフクラブを販売しました。

　次にこの物語の内容を簿記データにします。
　この物語の内容は発生日により大きく3つのやりとりに分けることができます。この3つのやりとりを以下のとおり仕訳します。

❺　4月15日　クラブの仕入れ

　会社の財産に具体的な変化が生じており，簿記上の「取引」と認められます。したがって，次のとおり仕訳を行います。

> 4月15日　商品　　5／現　金　　5

　これは「現金が減る取引」であるため，現金の減少という事実（結果）を右側に，その原因である商品の購入を左側に記入します。

(注) 商品売買の仕訳にはいくつかの処理方法があります。ここでは全体をわかりやすく説明するため「売上原価計上法」という方法で処理しています。ただし、処理のバリエーションの習得は応用動作の範疇であり、まずは右／左に処理する基本メカニズムの習得に努めてください。

❻ 4月18日　購入の申し込み

購入の申し込みを受けた段階では会社の財産に具体的な変化が生じておらず、簿記上の「取引」には該当しません。したがって、仕訳は不要です。

❼ 4月20日　クラブの販売

会社の財産に具体的な変化が生じており、簿記上の「取引」と認められます。したがって、次のとおり仕訳を行います。

> 4月20日　現　金　　50／売　上　　50

これは「現金が増える取引」であるため、現金の増加という事実（結果）を左側に、その原因である商品の売上を右側に記入します。

同時に、この売上の原価相当分を次のとおり特定します。

> 4月20日　売上原価（うりあげげんか）　5／商　品　　5

この仕訳には現金がからまないので、現時点ではご理解いただけないと思います。この仕訳のからくりについては第8章で解説します。ここでは、売上の原価相当分を「売上原価」という勘定科目で表現することだけを押さえておいてください。

借金して土地と建物を買いました

2002年4月25日　斉藤さんは株式会社サイトーとしてオフィス用に小さな土地と建物を購入することにし，不動産会社と契約を交わしました。値段は土地代が500万円，建物代が300万円の合計800万円です。

2002年4月28日　斉藤さんは株式会社サイトーとして銀行から600万円を借金し，残りの200万円は株式会社サイトーの預金を取り崩して，合計800万円の現金を用意，不動産会社に全額を支払って正式に物件を取得しました。

次にこの物語の内容を簿記データにします。

この物語の内容は発生日により大きく2つのやりとりに分けることができます。この2つのやりとりを以下のとおり仕訳します。

❽　4月25日　不動産購入の契約締結

契約を締結した段階では会社の財産に具体的な変化が生じておらず，簿記上の「取引」には該当しません。したがって，仕訳は不要です。

❾　4月28日　不動産の取得

会社の財産に具体的な変化が生じており，簿記上の「取引」と認められます。ただし，この取引には若干注意が必要です。この取引は2つの異なる取引に細分されるからです。

つまり，銀行から借金をした取引と不動産を購入した取引との2つです。借金をするという行為は，銀行に対して「借りたお金を将来返済します」という債務を負う代わりに，現金を取得することです。つまり，この段階で会社の財産に変化（現金の増加と債務の発生・増加という形で）が生じています。

したがって，次の仕訳が必要になります。

> 4月28日　現　金　　600／借　入　金　　600

これは「現金が増える取引」であるため，現金の増加という事実（結果）を左側に，その原因である借入金の発生（増加）を右側に記入します。

(注)勘定科目の「借入金」は，実際には「短期借入金」（短い期間で返済する前提の借入金），「長期借入金」（長い期間で返済する前提の借入金）のいずれかに区分されます（通常不動産の取得のための借入金は長期で返済する前提のものが多い）。ここでは，仕訳のしくみを明らかにすることが第1の目的であり，敢えて区別していません。

次に不動産取得の取引についてです。

「土地と建物という財産を取得したために，現金が減った」という取引ですから，仕訳は次のようになります。

> 4月28日　建　物　　300／現　金　　800
> 　　　　　土　地　　500／

これは「現金が減る取引」であるため，現金の減少という事実（結果）を右側に，その原因である建物および土地の購入を左側に記入します。

なお，仕訳のさい，建物と土地は別々の勘定科目で処理している点に注意してください。

他にもお金を払いました

2002年5月1日　株式会社サイトーは電話会社からの請求に基づき電話代5万円を現金で支払いました。

2002年5月31日　株式会社サイトーは購入した建物に対する火災保険の保険料12万円を現金で支払いました。この保険料は2002年6月1日から2003年5月31日までの期間をカバーします。

2002年6月5日　株式会社サイトーは中古のクラブ5セットを1セットあたり2万円，合計10万円の現金で仕入れました。

次にこの物語の内容を簿記データにします。

この物語の内容は発生日により大きく3つのやりとりに分けることができます。この3つのやりとりを以下のとおり仕訳します。

⑩　5月1日　電話代の支払い

会社の財産に具体的な変化が生じており，簿記上の「取引」と認められます。したがって，次のとおり仕訳を行います。

5月1日　　通　信　費　　5／現　金　　5

これは「現金が減る取引」であるため，現金の減少という事実

（結果）を右側に，その原因である通信費（電話代）の支払いを左側に記入します。

(注) 電話代は「通信費」という勘定科目で表現されます。

⑪ 5月31日　保険料の支払い

会社の財産に具体的な変化が生じており，簿記上の「取引」と認められます。したがって，次のとおり仕訳を行います。

> 5月31日　　保険料　　12／現　金　　12

これは「現金が減る取引」であるため，現金の減少という事実（結果）を右側に，その原因である保険料の支払いを左側に記入します。

⑫ 6月5日　クラブの仕入れ

会社の財産に具体的な変化が生じており，簿記上の「取引」と認められます。したがって，次のとおり仕訳を行います。

> 6月5日　　商　品　　10／現　金　　10

これは「現金が減る取引」であるため，現金の減少という事実（結果）を右側に，その原因である商品の購入を左側に記入します。

作成作業の重要ポイント！

『簿記の対象となる取引かどうかの基準』

『現金を中心とする因果関係で左右に書き分ける理屈』

をしっかり頭に入れること！

第4章

データ加工作業
転　記

この章では，簿記の作業を5段階に分けた場合の2番目のステップ「データ加工作業」（転記作業）について解説します。

① なぜ加工するのか？

● 加工しないと役にたたない

　「仕訳作業」（基礎データ作成作業）で，個々の取引を発生順に2面からとらえて左右に整理しました。

　ところが，このデータはそれぞれの取引を個別に分解して作成された原始データであり，取引相互の関係がまったく考慮されていません。このままの状態では，これらの取引をすべて合算した「一定期間」の儲けや特定時点での財産の状況を読みとることができません。

　そこで，個々の仕訳データを効率よく加工して，最終的に儲けの状況や財産の状況を表示できるようにする作業が必要になります。これが仕訳データを加工する理由です。

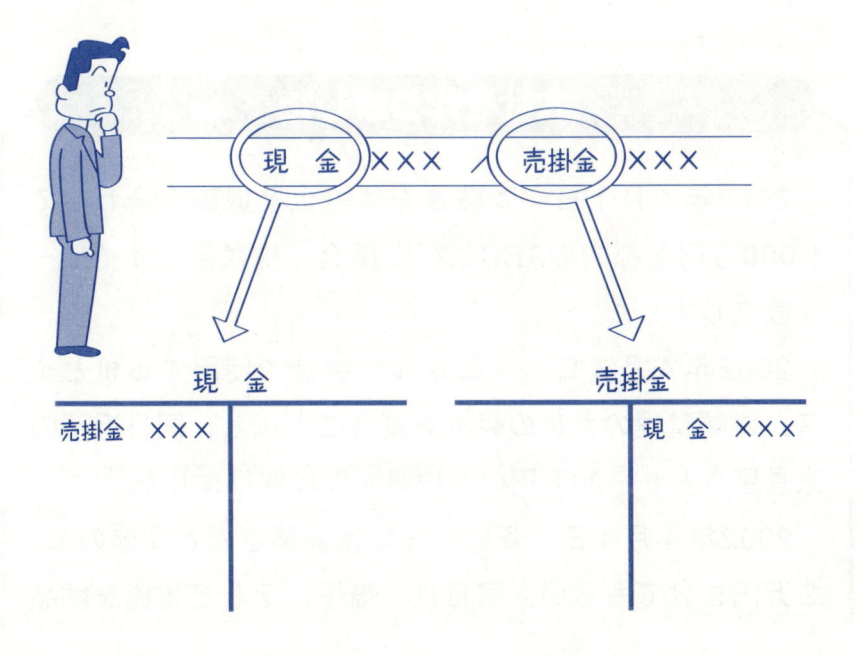

第4章 データ加工作業 59

|現　金|xxx　／|売掛金|xxx

現　金
売掛金　xxx

売掛金
現　金　xxx

② どう加工するのか？

● 勘定科目ごとに整理する

　この作業は，仕訳されたデータを勘定科目ごとにまとめ，その残高を確認する形で行われます。

● ためしに加工してみよう

　前の章で仕訳したデータを使って実際に加工作業を行ってみましょう。内容を思い出すため，設例とその仕訳データを再掲します。

会社を作りました

　2002年4月1日　斉藤さんは貯金と退職金合わせて1,000万円を都内のABC銀行に預金，株式会社サイトーを設立しました。
　2002年4月3日　斉藤さんは会社で使用する机とイス，書類整理のための書棚を買うことにし，同日近所の家具屋さんから20万円の見積書を受け取りました。
　2002年4月4日　斉藤さんは家具屋さんと交渉の末，2万円まけてもらい，同日机，椅子，そして書棚を納品

> してもらいました。支払いは納品のさい現金**18万円**で済ませました。
>
> **2002年4月5日** 斉藤さんは会社で使用する筆記具や便箋などの消耗品を，**15万円**の現金払いで購入しました。

この物語の内容は発生日により大きく4つのやりとりに分けられ，以下のとおり仕訳されました。

❶ 4月1日 会社の設立

```
4月1日  現  金   1,000／資 本 金 1,000
```

❷ 4月3日 見積書の受領

　見積書を受け取った段階では会社の財産に具体的な変化が生じておらず，簿記上の「取引」には該当しません。したがって，仕訳は不要でした。

❸ 4月4日 備品の購入

```
4月4日  備  品   18／現  金   18
```

❹ 4月5日 消耗品の購入

```
4月5日  消 耗 品   15／現  金   15
```

これらの仕訳データは，勘定科目ごとに次頁のとおり加工されます。

❶ 「4月1日　会社の設立」データの加工

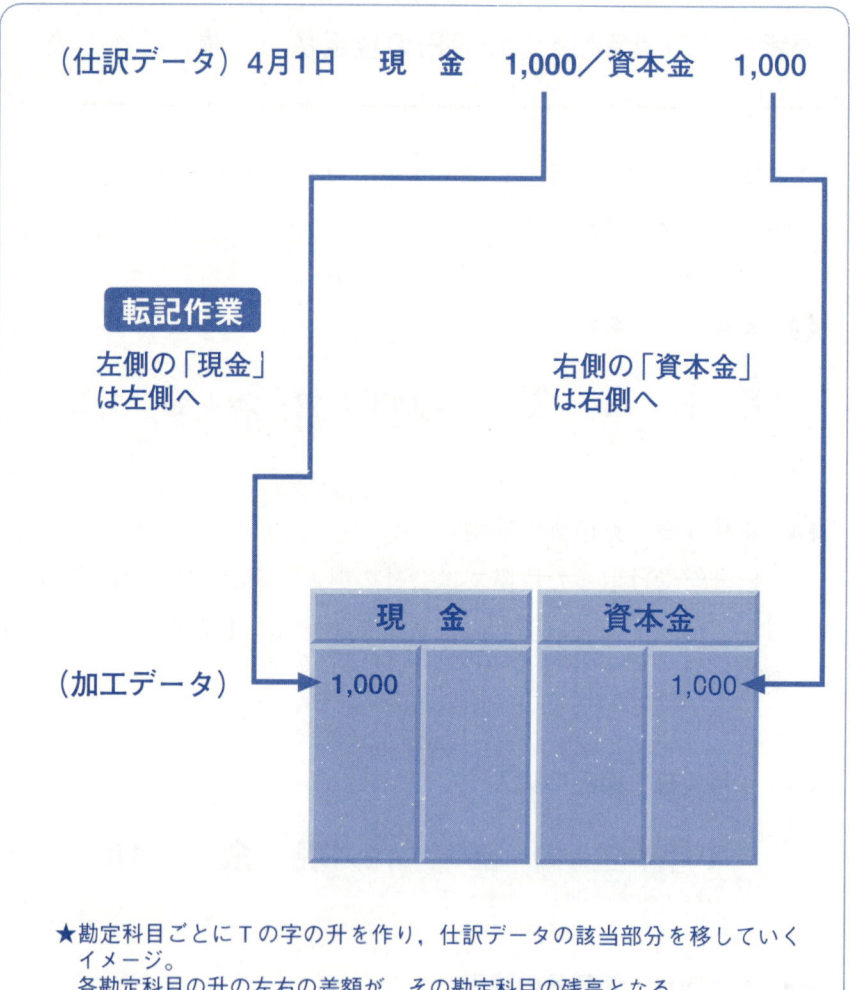

（仕訳データ）4月1日　現　金　1,000／資本金　1,000

転記作業

左側の「現金」
は左側へ

右側の「資本金」
は右側へ

現　金		資本金	
1,000			1,000

（加工データ）

★勘定科目ごとにTの字の升を作り，仕訳データの該当部分を移していくイメージ。
　各勘定科目の升の左右の差額が，その勘定科目の残高となる。
　「現金」勘定の場合，この時点で1,000万円の残高があり，「資本金」勘定もこの時点で同じく1,000万円の残高があることになる。

加工にさいしては，第2章で簡単に説明したとおりアルファベットのT字形をした升を使います。升は各勘定科目にひとつずつ作られ，ここに該当する勘定科目の仕訳データを移してきます。
　書き移すさいのルールとして，**仕訳の段階で左側に記録された勘定科目のデータは升の左側へ，仕訳の段階で右側に記録された勘定科目のデータは升の右側へ移動**させます。

　ところで，このように**仕訳データを勘定科目ごとにまとめる作業**のことを**転記**と呼びます。実務上，仕訳作業は「仕訳帳」というノートの上で行われ，勘定科目ごとにまとめる作業の段階で「**総勘定元帳**」という別のノートに書き移すため「転記」の名があります。子供が親の仕事の都合で学校を変わることを「転校」と言いますが，これに近い名付けかたです。
　「総勘定元帳」というのもずいぶん昔めいた名前ですが，要は「勘定科目」ごとに仕訳データをまとめるさい元になる帳面であり，すべての「勘定科目」をカバーするため「総」なのです。
　ただし，名前を正確に覚えることは重要ではありません。パソコン用の簡易ソフトを使えば，この転記作業はコンピュータが自動的に行ってくれますから。
　覚えるのは，仕訳データが勘定科目ごとにまとめられ，それぞれの残高が算出されるしくみです。

　加工作業を続けます。

❷ 「4月3日　見積書の受領」データの加工

　簿記上の「取引」には該当せず，仕訳データが作られていませんから加工作業は不要です。

❸ 「4月4日　備品の購入」データの加工

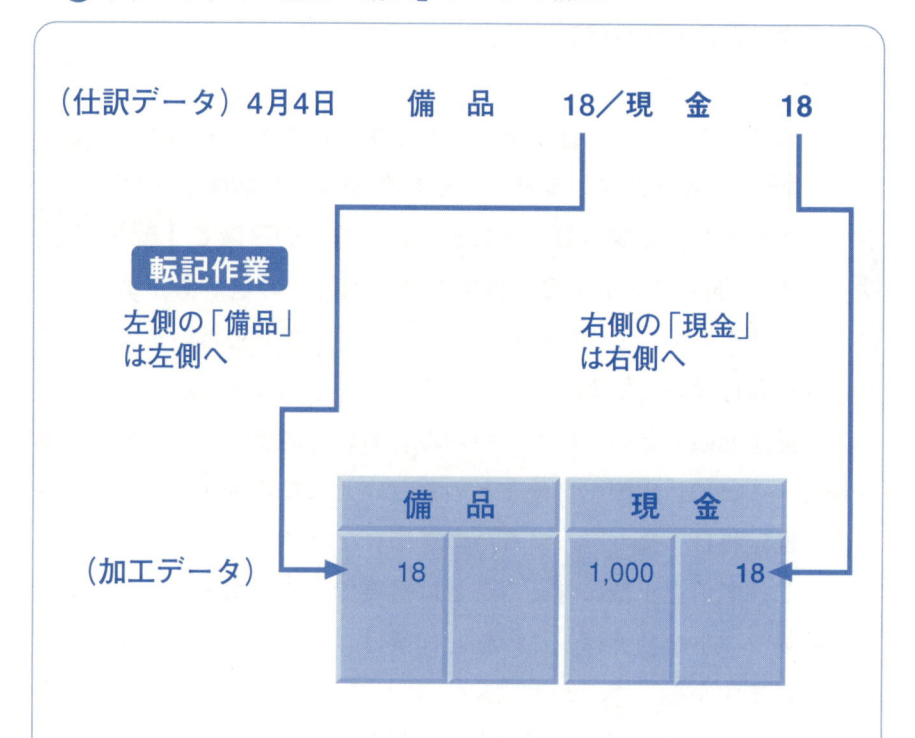

（仕訳データ）4月4日　　備品　　18／現　金　　18

転記作業

左側の「備品」は左側へ

右側の「現金」は右側へ

（加工データ）

備　品		現　金	
18		1,000	18

★「現金」升の左側に表示された1,000は「会社設立」のさいの資本金の分。このように，各勘定科目の升に仕訳データをどんどん積み上げていく。
　仕訳のさい右に記録された金額は右側へ，左に記録された金額は左側へ積み上げていく。

★各勘定科目の升の左右の差額がその勘定科目の残高なので，「現金」勘定の場合，この時点で差額の982万円（1,000－18）だけ残高があることになる。

❹ 「4月5日 消耗品の購入」データの加工

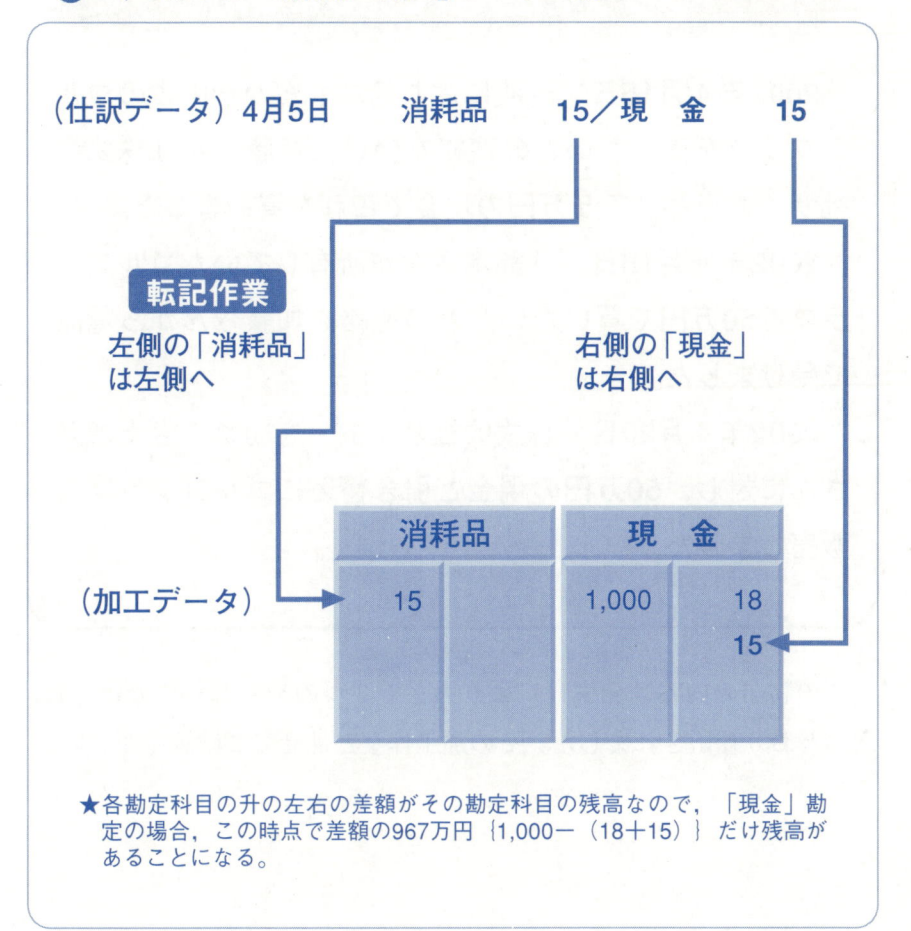

（仕訳データ）4月5日　　消耗品　　15／現　金　　15

転記作業

左側の「消耗品」
は左側へ

右側の「現金」
は右側へ

消耗品		現　金	
15		1,000	18
			15

（加工データ）

★各勘定科目の升の左右の差額がその勘定科目の残高なので、「現金」勘定の場合、この時点で差額の967万円｛1,000－（18＋15）｝だけ残高があることになる。

クラブを仕入れて売りました

2002年4月15日 近所に住む鈴木さんから中古のゴルフクラブを売りたいとの連絡を受け，斉藤さんは株式会社サイトーとして5万円の現金でこれを買いました。

2002年4月18日 「鈴木さんが所有していたゴルフクラブを50万円で買いたい」との連絡を加藤さんから電話で受けました。

2002年4月20日 株式会社サイトーを訪ねてきた加藤さんに対し，50万円の現金と引き替えにゴルフクラブを販売しました。

この物語の内容は発生日により大きく3つのやりとりに分けられ，次のとおり仕訳されました。その加工作業と併せてご確認ください。

❺ 「4月15日　クラブの仕入れ」データの加工

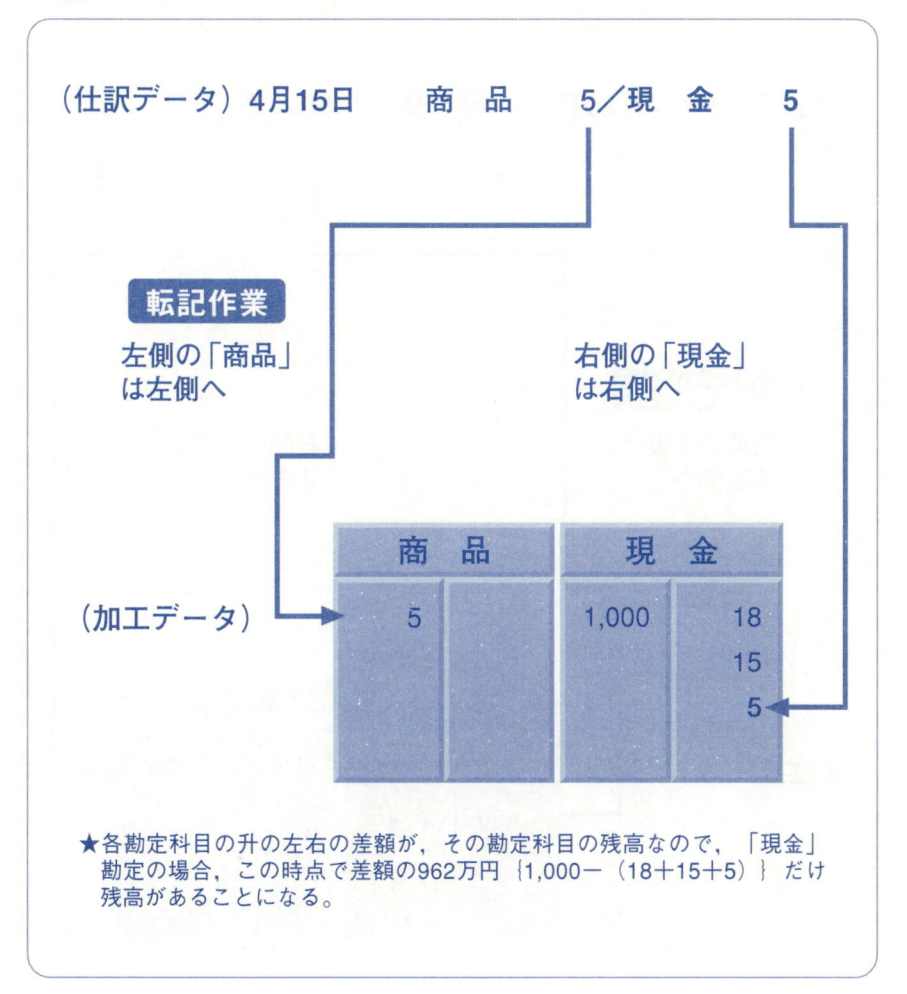

（仕訳データ）4月15日　　商　品　　5／現　金　5

転記作業

左側の「商品」
は左側へ

右側の「現金」
は右側へ

（加工データ）

商　品		現　金	
5		1,000	18
			15
			5

★各勘定科目の升の左右の差額が，その勘定科目の残高なので，「現金」勘定の場合，この時点で差額の962万円｛1,000−（18＋15＋5）｝だけ残高があることになる。

❻ 「4月18日　購入の申し込み」

簿記上の「取引」には該当せず，仕訳データが作られていませんから加工作業は不要です。

❼ 「4月20日　クラブの販売」データの加工

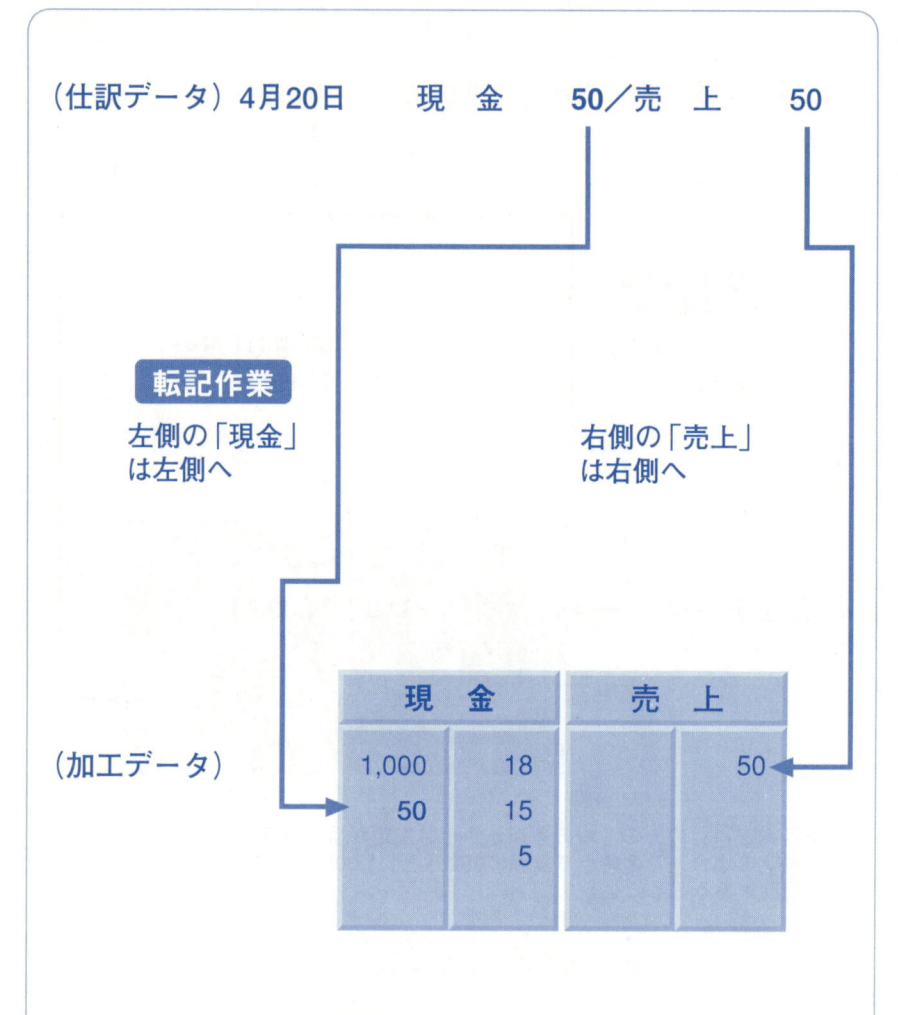

（仕訳データ）4月20日　　現　金　　50／売　上　　50

転記作業

左側の「現金」
は左側へ

右側の「売上」
は右側へ

（加工データ）

現　金		売　上	
1,000	18		50
50	15		
	5		

★各勘定科目の升の左右の差額が，その勘定科目の残高なので，「現金」勘定の場合，この時点で差額の1,012万円｛（1,000＋50）－（18＋15＋5）｝だけ残高があることになる。

第4章 データ加工作業

（仕訳データ）4月20日　　売上原価　　5／商　品　　5

転記作業

左側の「売上原価」
は左側へ

右側の「商品」
は右側へ

（加工データ）

売上原価		商　品	
5		5	5

★各勘定科目の升の左右の差額が，その勘定科目の残高なので，「商品」勘定の場合，この時点で残高がなくなった状態（5−5＝0）。

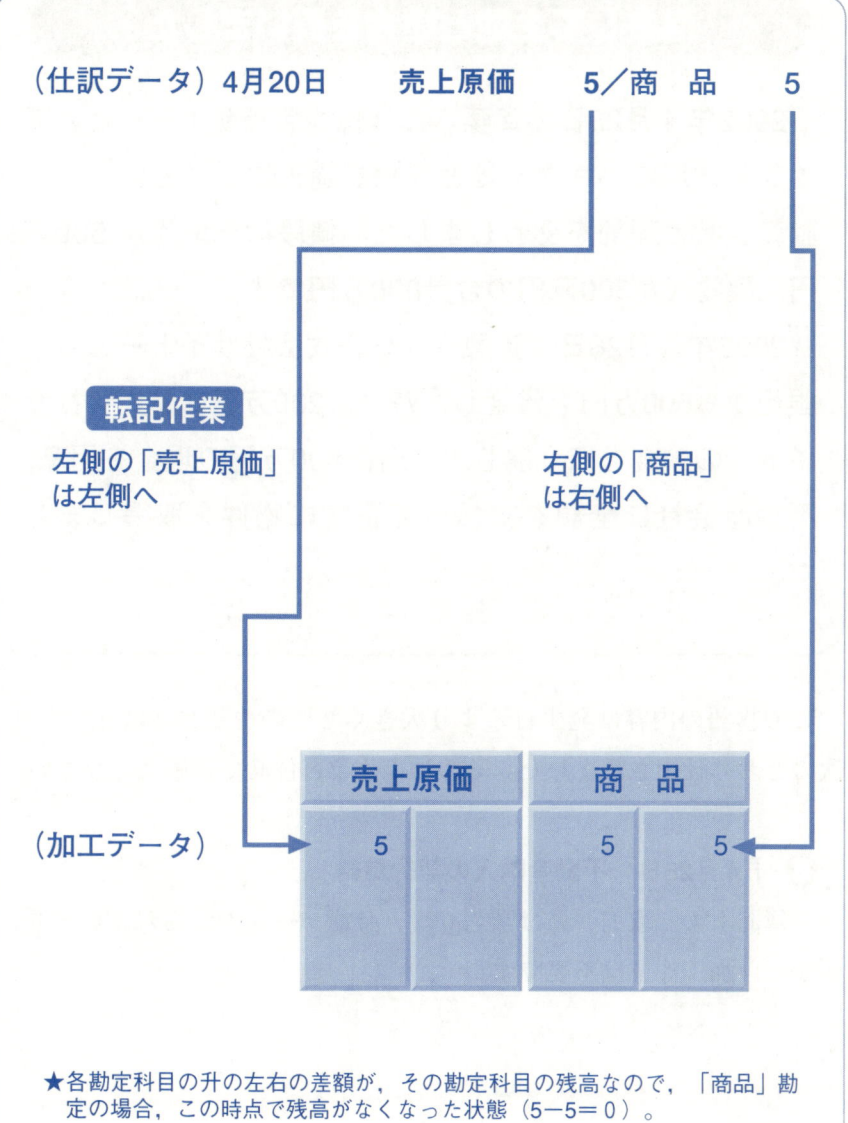

借金して土地と建物を買いました

　2002年4月25日　斉藤さんは株式会社サイトーとしてオフィス用に小さな土地と建物を購入することにし，不動産会社と契約を交わしました。値段は土地代が500万円，建物代が300万円の合計800万円です。

　2002年4月28日　斉藤さんは株式会社サイトーとして銀行から600万円を借金し，残りの200万円は株式会社サイトーの預金を取り崩して，合計800万円の現金を用意，不動産会社に全額を支払って正式に物件を取得しました。

　この物語の内容は発生日により大きく2つのやりとりに分けられ，次のとおり仕訳されました。その加工作業と併せてご確認ください。

❽「4月25日　不動産購入の契約締結」
　簿記上の「取引」には該当せず，仕訳データが作られていませんから，加工作業は不要です。

❾ 「4月28日 不動産の取得」データの加工

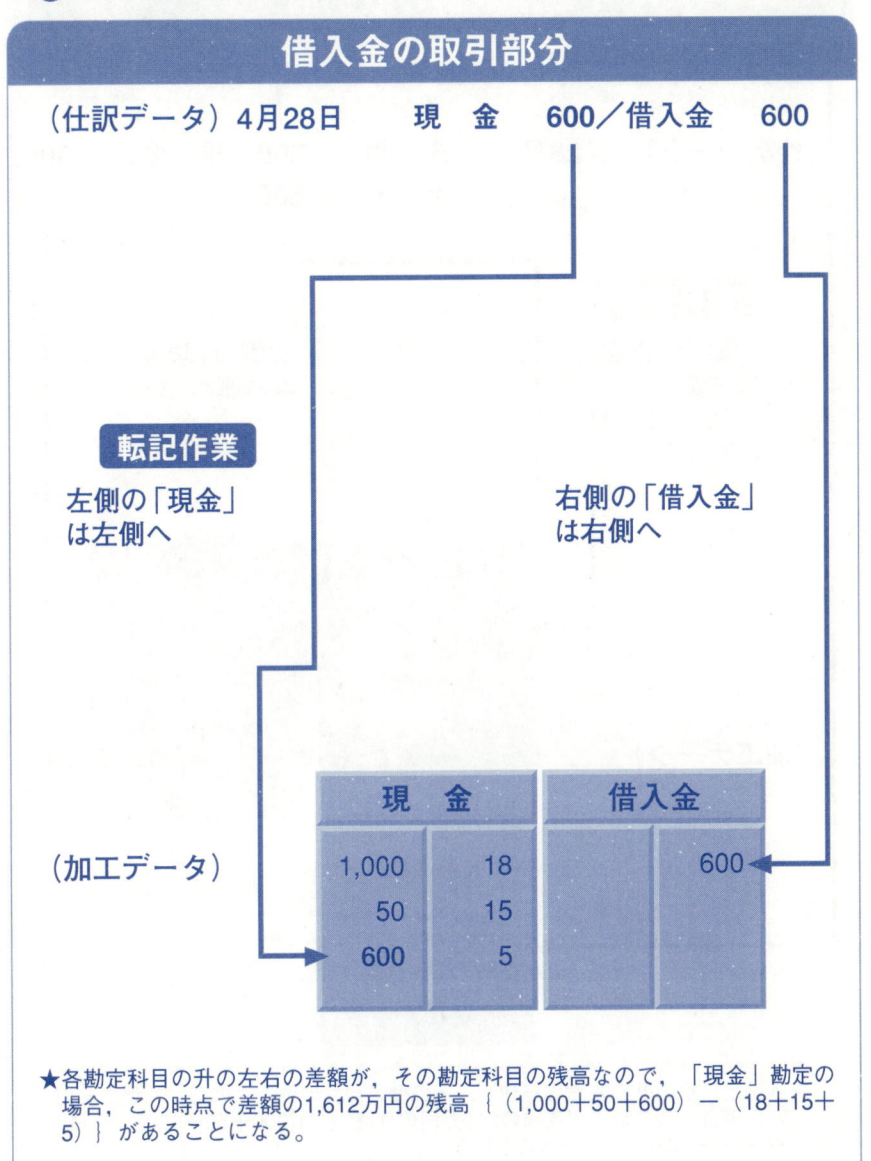

借入金の取引部分

（仕訳データ）4月28日　　現　金　600／借入金　600

転記作業

左側の「現金」
は左側へ

右側の「借入金」
は右側へ

（加工データ）

現　金		借入金	
1,000	18		600
50	15		
600	5		

★各勘定科目の升の左右の差額が，その勘定科目の残高なので，「現金」勘定の場合，この時点で差額の1,612万円の残高｛（1,000＋50＋600）－（18＋15＋5）｝があることになる。

不動産取得の取引部分

（仕訳データ）4月28日　　建物　　300　／　現　金　　800
　　　　　　　　　　　　　土　地　　500

転記作業

左側の「建物」
は左側へ
左側の「土地」
は左側へ

右側の「現金」
は右側へ

（加工データ）

土　地	
500	

現　金	
1,000	18
50	15
600	5
	800

建　物	
300	

★各勘定科目の升の左右の差額が、その勘定科目の残高なので、「現金」勘定の場合、この時点で差額の812万円の残高｛(1,000＋50＋600)－(18＋15＋5＋800)｝があることになる。

他にもお金を払いました

　2002年5月1日　株式会社サイトーは電話会社からの請求に基づき電話代5万円を現金で支払いました。

　2002年5月31日　株式会社サイトーは購入した建物に対する火災保険の保険料12万円を現金で支払いました。この保険料は2002年6月1日から2003年5月31日までの期間をカバーします。

　2002年6月5日　株式会社サイトーは中古のクラブ5セットを1セットあたり2万円，合計10万円の現金で仕入れました。

　この物語の内容は発生日により大きく3つのやりとりに分けられ，次のとおり仕訳されました。その加工作業と併せてご確認ください。

❿ 「5月1日　電話代の支払い」データの加工

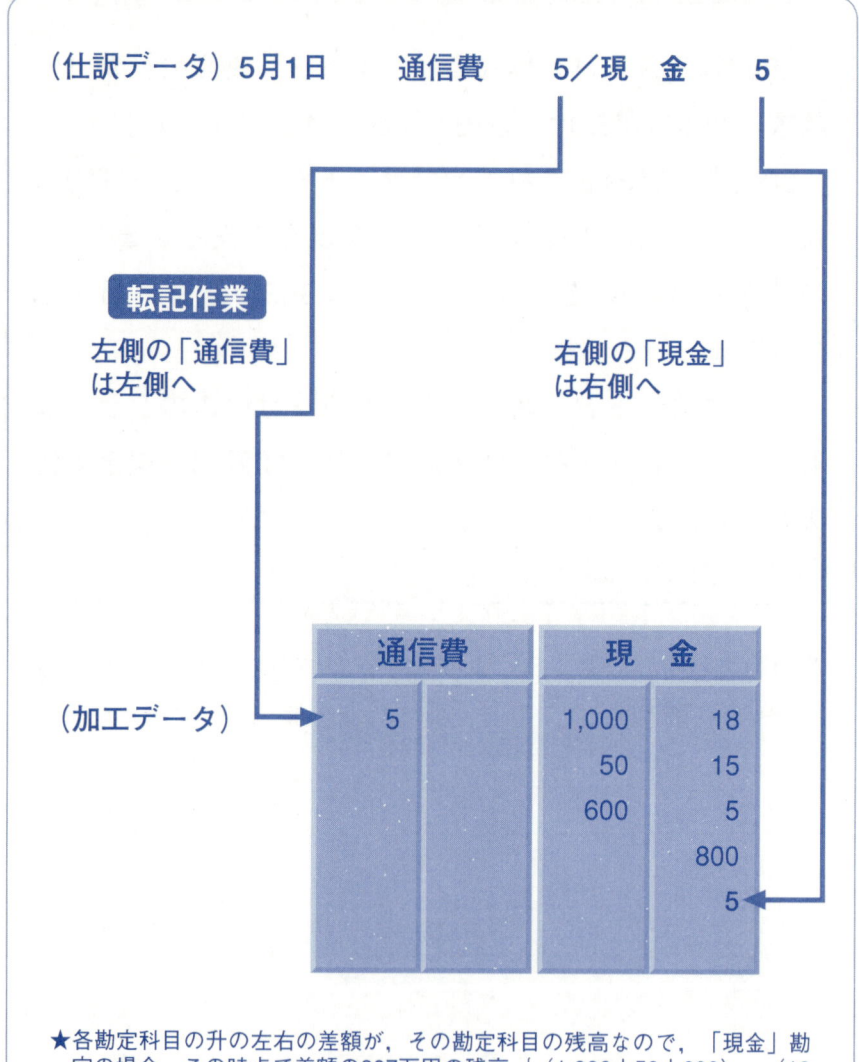

（仕訳データ）5月1日　　通信費　　5／現　金　　5

転記作業

左側の「通信費」
は左側へ

右側の「現金」
は右側へ

（加工データ）

通信費		現　金	
5		1,000	18
		50	15
		600	5
			800
			5

★各勘定科目の升の左右の差額が，その勘定科目の残高なので，「現金」勘定の場合，この時点で差額の807万円の残高｛(1,000＋50＋600)－(18＋15＋5＋800＋5)｝があることになる。

⓫ 「5月31日　保険料の支払い」データの加工

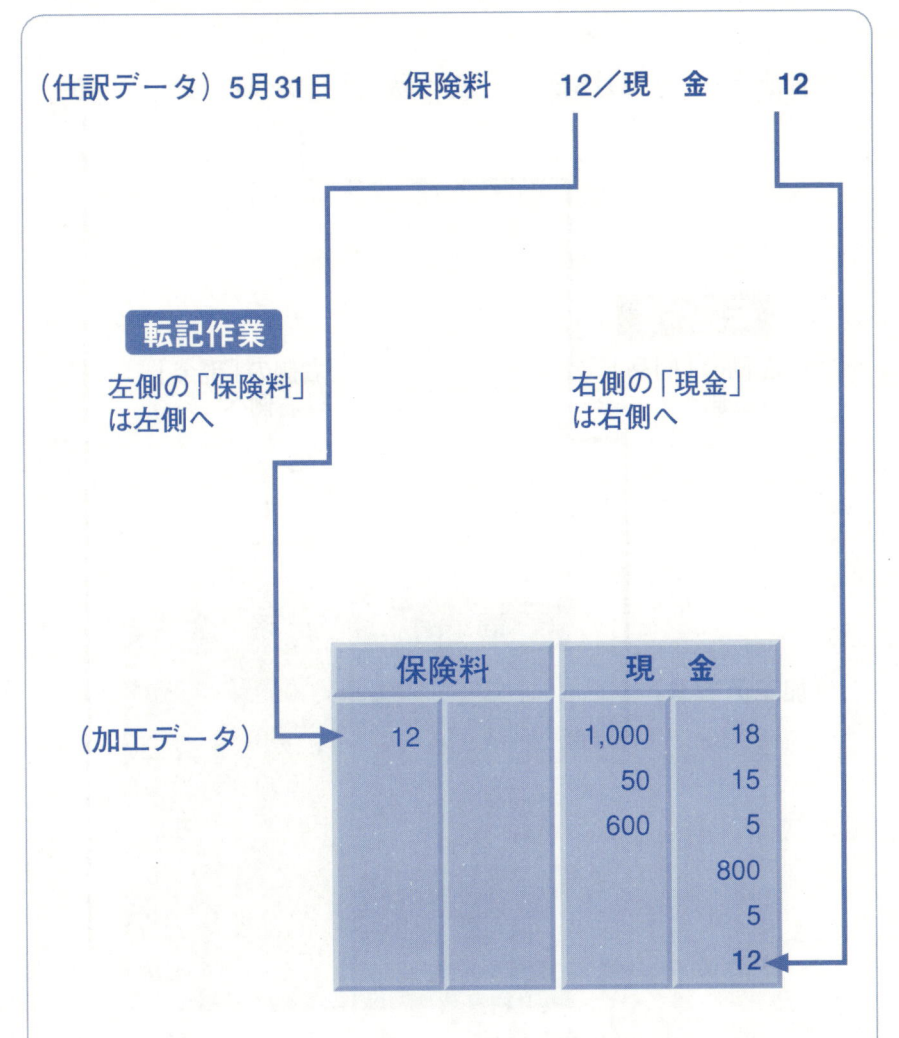

（仕訳データ）5月31日　　保険料　　12／現　金　　12

転記作業

左側の「保険料」は左側へ

右側の「現金」は右側へ

（加工データ）

保険料		現　金	
12		1,000	18
		50	15
		600	5
			800
			5
			12

★各勘定科目の升の左右の差額が、その勘定科目の残高なので、「現金」勘定の場合、この時点で差額の795万円の残高｛(1,000＋50＋600)－(18＋15＋5＋800＋5＋12)｝があることになる。

⑫ 「6月5日 クラブの仕入れ」データの加工

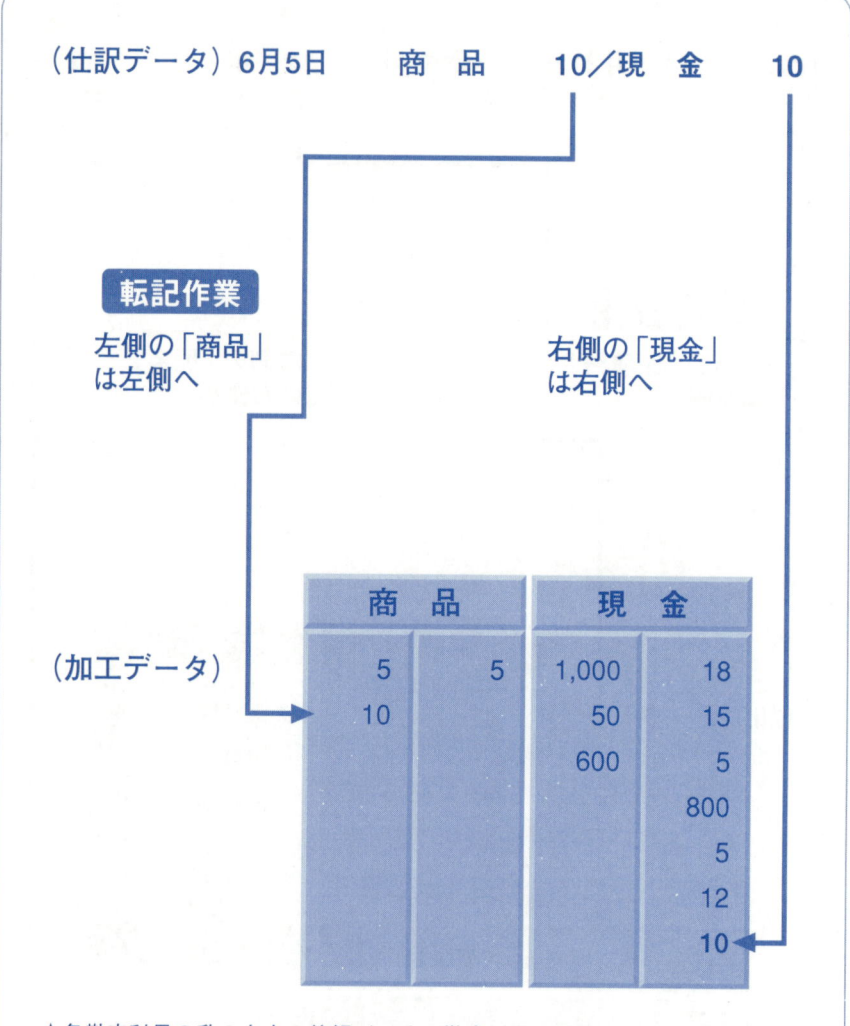

（仕訳データ）6月5日　　商　品　　10／現　金　　10

転記作業

左側の「商品」
は左側へ

右側の「現金」
は右側へ

（加工データ）

商　品		現　金	
5	5	1,000	18
10		50	15
		600	5
			800
			5
			12
			10

★各勘定科目の升の左右の差額が，その勘定科目の残高なので，「現金」勘定の場合，この時点で差額の785万円の残高｛(1,000＋50＋600)－(18＋15＋5＋800＋5＋12＋10)｝があることになる。

🔵 足し算の発想

　この加工作業ではT字型の升のどちらか一方，たとえば現金勘定の場合は左側にプラスの要素（現金が増える取引）だけを，右側にはマイナスの要素（現金が減る取引）だけを集め，常にその差額で当該勘定の残高を求めるのが特徴です。

　ただし，「差額」とはいっても，この方法では「あといくらどちら側に足せば，左右の合計が一致するか」という考え方がベースになっています。つまり，**足し算の発想**なのです。

　天秤（てんびん）で物の重さを量る発想と同じです。欧米を旅行したことのある方は，スーパーで買い物をしたさい似たような経験がおありだと思います。たとえば，7ドルの飲み物を買って10ドル紙幣で払ったさい，日本のように即座に店員がお釣りをくれるのでなく，広げた自分の手のひらに店員が1ドル紙幣を1枚ずつ足しながら，お釣りの額を確認していく場面です。「8ドル，9ドル，10ドル，オーケー？」という具合です。

　暗算の強い日本人には信じられないことですが，これなども発想はまったく同じ「足し算で差額を求める」例のひとつです。

　T字型の両側それぞれの足し算を基本とするこの方法には，縦方向に足し算や引き算を混在させる通常の計算方法に比べ，

- ・計算間違いが少ない
- ・検算が容易である

という長所があります。仕訳による基礎データ作成作業から最終的な儲けや財産の表示作業までの間には，さまざまな帳簿の作成，転記といった記録の積み重ねがあります。この過程での誤記や計算ミスを未

然に防止したり，それをチェックしたりする上で，非常に優れた方法です。

（注）日本人にとっては，T勘定の左右の差額を求めるさい引き算で考えた方がわかりやすいため，本章の具体例の中で差額を求めるさいには引き算で説明しているが，基本は「あといくらどちら側に足せば左右が一致するか」という足し算の発想である点に注意。

加工作業の重要ポイント！

『仕訳の段階で左側に記録されたデータは升の左側に、仕訳の段階で右側に記録されたデータは升の右側に』移動させること！

第5章

データ確認作業
試　算　表

この章では，簿記の作業を5段階に分けた場合の3番目のステップ「データ確認作業」（試算表）について解説します。

１ なぜ確認するのか？

● これまでの作業をチェックする

　この段階での確認作業には２つの大きな目的があります。

　ひとつ目の目的は、これまでの作業の総合チェックです。つまり、仕訳作業（最初のデータ作成業務）と、転記作業（それを加工する業務）に誤りがないかどうかの確認です。

　具体的には、
　・仕訳の仕方そのものに誤りがないか
　・転記ミスがないか
　・転記漏れがないか
　・単純な計算間違いがないか
　・数字の桁数を間違えていないか
などを確認します。

　こうした誤りをそのままにしてこの後の作業を進めてしまうと、結果的に会社の儲けや財産が正しく計算できないからです。

🔵 全体像をつかむ

　ふたつ目の目的は，ここまでの取引の全体像を把握することです。この後の仕上げ作業に入る前にいったん中締めをして，この時点までのおおよその儲けの状況や財産の状況を確認するのです。

　これにより，すべての作業を完了する前に会社の置かれているおおまかな全体像を知ることが可能になります。経営の舵取りに必要な途中経過報告には不可欠の確認作業です。

② どう確認するのか？

● 便利なフォーム「試算表」

　この確認作業は試算表(しさんひょう)というフォームを使って行われます。

　試算表は複式簿記に特徴的なフォームです。発生した取引のすべての記録をこのフォームに集めると、「ここまでのデータ作成作業や加工作業に漏れや誤りがなかったか」の確認が簡単に行えます。

　と同時に、発生した取引の全体像の把握も行えるという優れモノです。

　これからこのフォームを使って実際に確認作業を行いますが、ここでも複式簿記の2面性が力を発揮します。個々の取引を2面的にとらえて左右に書き分けてきた成果が、ここで姿を現わします。楽しみにしていてください。

● 決して万能選手ではない

　このように試算表はたいへん便利なフォームですが、決して万能選手ではありません。これを作成しても発見できない誤りはあるのです。

　たとえば、次のようなケースは試算表を作成しただけではその誤りを発見できません。

・簿記上の取引を認識できなかったケース
・仕訳するのを忘れているケース

・仕訳の段階で勘定科目そのものを間違えたケース
・仕訳の段階で左と右の区分を間違えた（逆にした）ケース
・仕訳のダブリ（同じ取引を2回以上仕訳したケース）など

ですから，このような試算表の限界を知った上で，細心の注意を払いながら作業を進めることが必要です。

🔵 ためしに確認してみよう

前章まで積み上げてきた作業，すなわち仕訳し転記したデータを使って，実際に確認作業をしてみましょう。

次頁に示したのが，これまで加工したデータのまとめです。

総勘定元帳

「現金」勘定
1,000	18
50	15
600	5
	800
	5
	12
	10

「資本金」勘定
	1,000

「備品」勘定
18	

「消耗品」勘定
15	

「商品」勘定
5	5
10	

「売上」勘定
	50

「売上原価」勘定
5	

「借入金」勘定
	600

「建物」勘定
300	

「土地」勘定
500	

「通信費」勘定
5	

「保険料」勘定
12	

ここには，斉藤さんが会社を設立して，備品や消耗品を購入し，商品の売買を行い，借金をして土地と建物を取得するまでの取引のすべてが凝縮されています。

これを試算表というフォームに集約したのが次の図です。

	合　　計 (左右それぞれの合計)		残　　高 (左右の差額)	
	左　側	右　側	左　側	右　側
現　　金	1,650	865	785	
商　　品	15	5	10	
消　耗　品	15		15	
備　　品	18		18	
建　　物	300		300	
土　　地	500		500	
借　入　金		600		600
資　本　金		1,000		1,000
売　　上		50		50
売上原価	5		5	
通　信　費	5		5	
保　険　料	12		12	
計	2,520	2,520	1,650	1,650

仕訳データを各勘定科目ごとに転記した前頁の総勘定元帳のデータとこの表を見比べてみてください。とくに総勘定元帳(そうかんじょうもとちょう)の各勘定の左右の数字と，この表の「合計欄」・「残高欄」それぞれの左右の数字に注意して見てください。

　この表の「合計欄」は，総勘定元帳の各勘定の左側の数字は左側だけで，右側の数字は右側だけでそれぞれ合計したものです。

　「残高欄」は各勘定の左右の数字の差額を，左右の数字の大きい側に示したものです。

　では，この「合計欄」・「残高欄」はそれぞれどういう意味をもつのでしょう。言い方を換えれば，なぜここで各勘定の左右それぞれの合計と左右の差額を算出するのでしょう。

●「合計欄」はなにを示すのか？

　「合計欄」には，各勘定の左右それぞれが関係する取引すべての累積値が示されています。「現金」勘定を例にとると，その左側には「現金が増える取引」がすべて記録されているわけであり，右側には「現金が減る取引」がすべて記録されているわけです。

　仕訳の作業を思い起こしてみてください。「現金」勘定の左側が関係した取引には次のようなものがありました。

　・会社設立のさいの1,000万円の資本金
　・50万円の売上代金
　・600万円の借入金

　一方，「現金」勘定の右側が関係した取引には次のようなものがありました。

- 18万円の備品購入
- 15万円の消耗品購入
- 5万円の商品購入
- 800万円の土地・建物購入
- 5万円の電話代支払い
- 12万円の保険料支払い
- 10万円の商品購入

「合計欄」の左右には，これらの取引すべての情報が累積されていることになります。

ところで，仕訳の作業では，これらの取引すべてを2面的にとらえて左右に書き分けました。

「現金」勘定の左側が関係した取引で言えば，以下のとおりです。

- 現　金　　1,000／資本金　　1,000
- 現　金　　　 50／売　上　　　 50
- 現　金　　　600／借入金　　　600

「現金」勘定の右側が関係した取引は以下のとおりです。

- 備　品　　　18／現　金　　　18
- 消耗品　　　15／現　金　　　15
- 商　品　　　 5／現　金　　　 5
- 建　物　　 300／現　金　　 800
  土　地　　 500／
- 通信費　　　 5／現　金　　　 5
- 保険料　　　12／現　金　　　12
- 商　品　　　10／現　金　　　10

　したがって，「合計欄」には仕訳の段階で「現金」勘定の相手方となった勘定の各累積値も示されているはずです。つまり，**すべての取引の累積値が各勘定ごとに示されているのが「合計欄」**と言えます。

　ですから，仕訳作業および転記作業が正しく行われていれば，各勘定の合計欄の「合計」も左右が等しくなるはずです。

　逆に，**合計欄の「合計」の左右が等しくなければ，ここまでの作業のどこかに誤りがあることになります。**

　仕訳ミスや転記ミスなど，データ作成作業あるいは加工作業のどこかに誤りがあるということであり，**複式簿記の優れた自己検証機能**です。

🔵「残高欄」はなにを示すのか？

「残高欄」は各勘定の左右の差額を示しています。

では、この「各勘定の左右の差額」は何を意味するのでしょう。

結論から言うと、「**すべての取引の結果**」を示しています。

「現金」勘定を例にとって、もう少し具体的に見てみましょう。

さきに振り返ったとおり、「現金」勘定の左側には「現金が増える取引」がすべて記録されており、右側には「現金が減る取引」がすべて記録されています。

実際に「現金」勘定の左側が関係した取引には次のようなものがありました。

- 会社設立のさいの1,000万円の資本金
- 50万円の売上代金
- 600万円の借入金

一方、「現金」勘定の右側が関係した取引には次のようなものがありました。

- 18万円の備品購入
- 15万円の消耗品購入
- 5万円の商品購入
- 800万円の土地・建物購入
- 5万円の電話代支払い
- 12万円の保険料支払い
- 10万円の商品購入

「合計欄」の左右には、これらの取引すべての情報が累積されてい

ることは，さきに確認したとおりです。

　「残高欄」が左右それぞれに累積されたこれらの金額の差額を示すとすれば，「残高欄」にはこれらのやりとりの結果「**手元にいくら現金が残っているか**」が示されていることになります。

　具体的な数字で振り返ってみましょう。

　最初に会社を設立した段階で，株式会社サイトーの手元には資本金相当額の1,000万円がありました。その後，18万円の備品を購入して手元の現金が982万円に減り，15万円の消耗品を購入して手元の現金は967万円に減りました。

　その後，5万円の商品を仕入れたところで手元の現金は962万円に減りましたが，この商品が50万円で売れたために手元の現金は1,012万円に増えました。

　一方，土地と建物を購入するため銀行より600万円の借り入れをして手元の現金は1,612万円まで増えました。が，直後に土地と建物の代金800万円を支払ったため，手元の現金は812万円に減りました。

　さらに，5万円の電話代を支払ったため手元の現金は807万円に減り，保険料を12万円支払った段階で795万円に減り，最後に10万円の商品を仕入れたところで手元の現金は785万円になってしまいました。

　要するに，ここまですべてのやりとりの結果，株式会社サイトーの手元には785万円の現金が残っているわけです。

　左右の差額は，このこと（すべてのやりとりの結果785万円の現金が残っている事実）を示しています。実際にこのような結果になっているか，85頁の表で「現金」勘定の左右の差額を示す「残高欄」を見てみてください。

　このような「残高欄」の性格（すべてのやりとりの結果を示す性格）

により，この欄は取引の全体像を把握するのに利用されます。

また，仕訳作業および転記作業が正しく行われていれば，各勘定の残高欄の「合計」も左右が等しくなります。

逆に，**残高欄の「合計」の左右が等しくなければ，ここまでの作業のどこかに誤りがあることになります。**

仕訳ミスや転記ミスなど，データ作成作業あるいは加工作業のどこかに誤りがあるということであり，これも**複式簿記の優れた自己検証機能**です。

ちなみに，**試算表の中でも85頁のように「合計欄」・「残高欄」の両方をもつものを正式には「合計残高試算表」と呼びます。**

一方で，「合計欄」しかもたないものを「合計試算表」，「残高欄」しかもたないものを「残高試算表」と呼びます。

もちろん正式な試算表では，左側・右側はそれぞれ「借方」「貸方」と記載されます。

ただし，これらの表を正式に何と呼ぶかはあまり重要ではありません。**大切なのは，なぜ試算表を作るのか，「合計欄」「残高欄」のそれぞれはどういう意味をもつのか，試算表から何がわかるのか，といった本質の理解**です。

と同時に，**複式簿記の作業は「データ作成作業」→「データ加工作業」→「データ確認作業」→「データ修正作業」→「データ表示作業」という連続した作業であり，それぞれの作業が相互に密接に結びついている点**も改めて確認しておいてください。

● 3つの区分

試算表の性格をさらに深く理解するためには、会社の儲けや財産を把握するうえで重要な3つの区分について知っておく必要があります。この区分は儲けの中身や財産の状況を的確に理解するうえでも大切です。

複式簿記をベースに作られる「儲けをまとめて示す表」や「財産の状況をまとめて示す表」は以下の構造になっています。

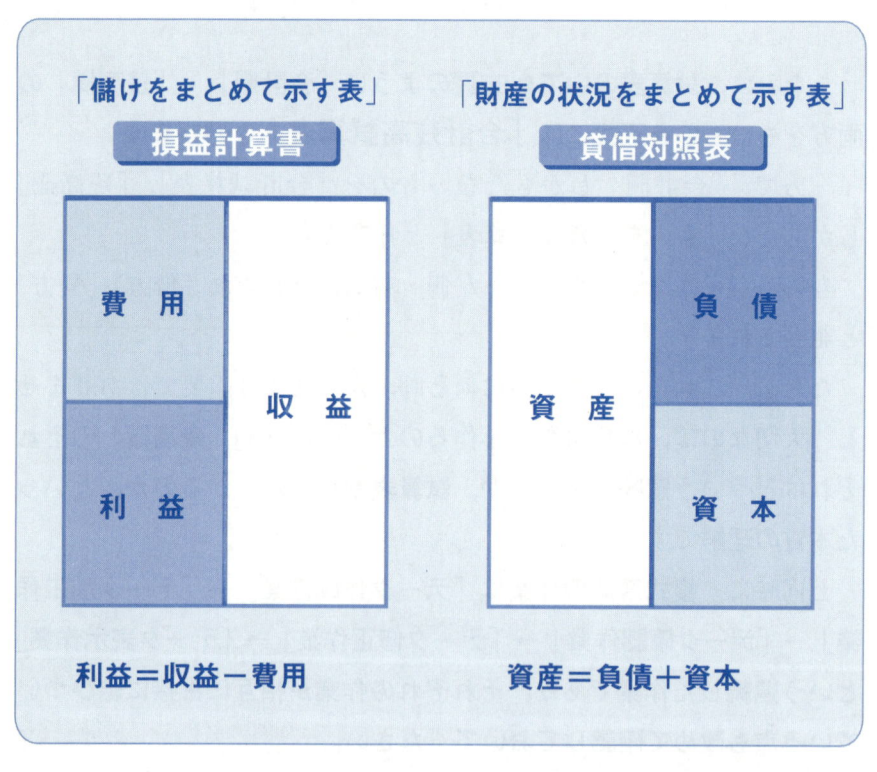

「儲けをまとめて示す表」
損益計算書

費用	収益
利益	

利益＝収益ー費用

「財産の状況をまとめて示す表」
貸借対照表

資産	負債
	資本

資産＝負債＋資本

このように、「儲けをまとめて示す表」も「財産の状況をまとめて示す表」も、それぞれ3つに区分される構造になっています。

まず「儲けをまとめて示す表」の構造についてです。

会社の儲けを増やす要素をまとめて「収益(しゅうえき)」と呼び，逆に会社の儲けを増やすために犠牲となる要素をまとめて「費用(ひよう)」と呼びます。商品の売上もサービスを提供して受け取る報酬なども，すべて収益です。一方，売上原価や電話代，事務所の家賃や人件費などは会社の儲けを増やすために犠牲になる要素であり，すべて費用です。

そして，**すべての収益からすべての費用を差し引いて残ったものが儲けになります。**儲けのことを正式には「利益(りえき)」と呼びます。

次に「財産の状況をまとめて示す表」についてです。

この表は「どのようなお金を何に使っているか」を示しています。表の右側で「どのようなお金か（借りているお金か，自分のお金か）」を示し，左側で「何に使っているか（どんな財産にお金を使っているか）」を示しています。

表の右側の「どのようなお金か」を示すさい，「外部の第三者から借りているお金」のことをまとめて「負債(ふさい)」と呼び，「自分のお金（株式会社の場合は株主に出資してもらったお金と，その後の経営活動で稼いだお金)」のことをまとめて「資本(しほん)」と呼びます。

負債の代表は長期や短期の借入金であり，資本の代表は資本金です。

一方，**表の左側「お金の使い道」のことをまとめて「資産(しさん)」と呼びます。**

現金として保有しているお金も資産ですし，商品という形で保有しているものも資産です。さらに，土地や建物で保有しているケースもみな資産です。

なお，**資産の総額と，負債および資本の合計額は等しくなります。**

このことから（財産の状況を示す表の右側と左側が等しくバランスすることから），この表のことを英語では「バランスシート」と呼び，日本でもこの呼び名が広く使われています。

ちなみに，「儲けをまとめて示す表」を正式には「損益計算書（そんえきけいさんしょ）」と呼び，「財産の状況をまとめて示す表」を「貸借対照表（たいしゃくたいしょうひょう）」と呼びます。

ここで取り上げた3つの区分の理解は，のちのち損益計算書を読んだり，貸借対照表を読んだりする上でとても大切です。左右の区別を間違わずにしっかり頭の中に入れておいてください。正式な損益計算書や貸借対照表にはさまざまな勘定科目がその残高とともに並んでおり，一見とてもむずかしそうに見えますが，実はこの単純な構造を細分化しただけなのです。

🔵 3つの区分で試算表をとらえる

では，ここで学習した3つの区分で試算表をとらえ直してみたいと思います。

試算表を図に表わすと，次頁のように**貸借対照表と損益計算書を上下にくっつけた格好**になります。**上半分の左側が貸借対照表の資産部分であり，右側が負債と資本部分**です。下半分の**左側は損益計算書の費用部分であり，右側が収益部分**です。

試算表

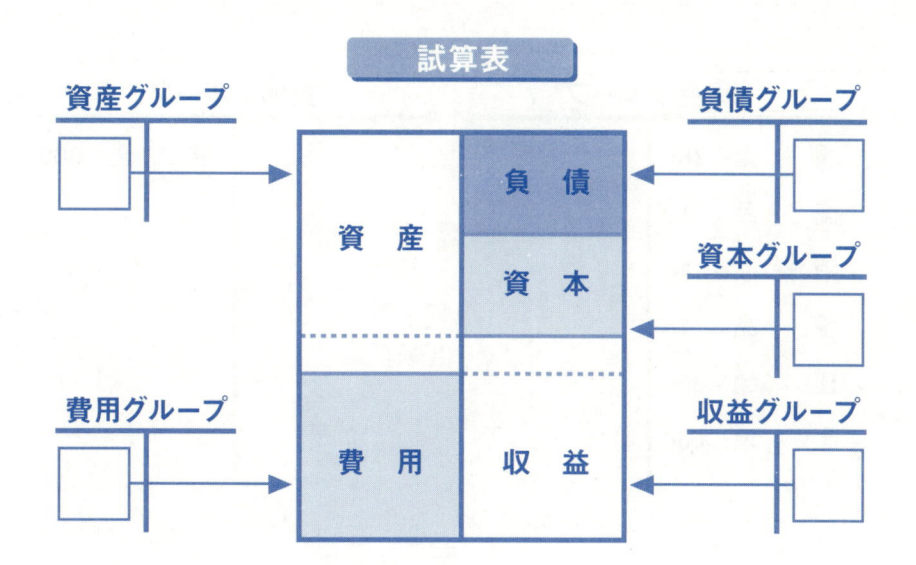

資産グループ → 資産
負債グループ → 負債
資本グループ → 資本
費用グループ → 費用
収益グループ → 収益

　点線で示された部分は利益部分ですが，この点については第7章で詳しく説明します。

　この構造について，これまで慣れ親しんできた具体的データで確認したのが次の2頁です。
　これまでに現われた勘定科目を資産グループ，負債グループ，資本グループ，費用グループ，収益グループの5つに区分し，これらを試算表の図表スタイルにあてはめました。
　これにより，（残高）試算表の重層構造が一目瞭然です。
　さきに（合計残高）試算表の「残高欄」が全体像を把握する上で役に立つことに触れましたが，この重層構造が全体像の把握を可能にしているのです。

資産グループ		負債グループ	
現　　金	785	借入金	600
商　　品	10		
消耗品	15		
備　　品	18		
建　　物	300		
土　　地	500		

資本グループ	
資本金	1,000

費用グループ		収益グループ	
売上原価	5	売　　上	50
通信費	5		
保険料	12		

残高試算表

資産 1,628	現　　金 785 商　　品 10 消耗品 15 備　　品 18 建　　物 300 土　　地 500	借入金 600	負　債 600
		資本金 1,000	資　本 1,000
費用 22	売上原価 5 通信費 5 保険料 12	売　　上 50	収　益 50

1,650　　　　　　　　　　　　　　　　　　　1,650

> 次頁に改めて試算表の基本構造を掲げましたので，確認してください。なお，次頁の試算表にあてはめられた数字はこれまでの作業とはまったく関係ありません。構造をわかりやすく示すためのサンプルです。

試算表の構造

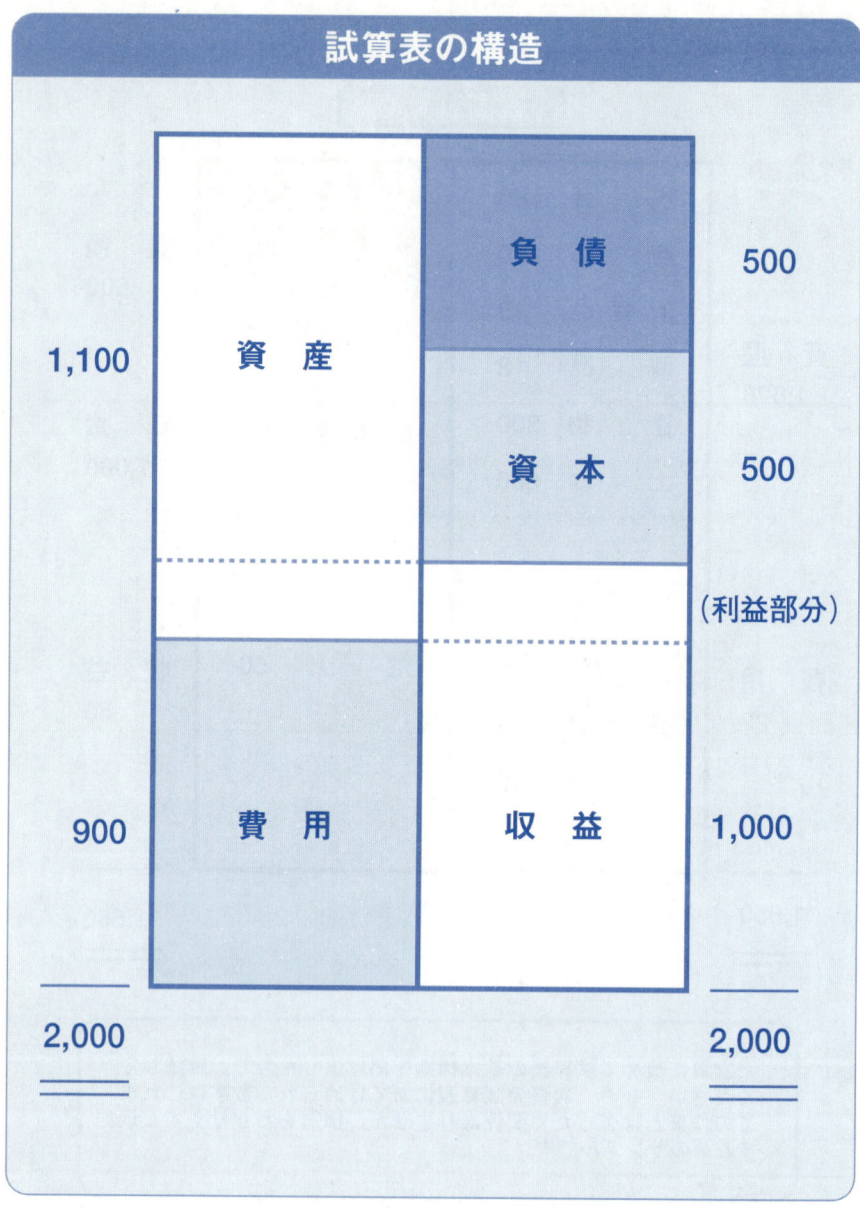

	資 産	負 債	500
1,100		資 本	500
			（利益部分）
900	費 用	収 益	1,000
2,000			2,000

（注）本表上の各勘定に示された数字は，これまでの章で加工してきたデータとはまったく関係ありません。

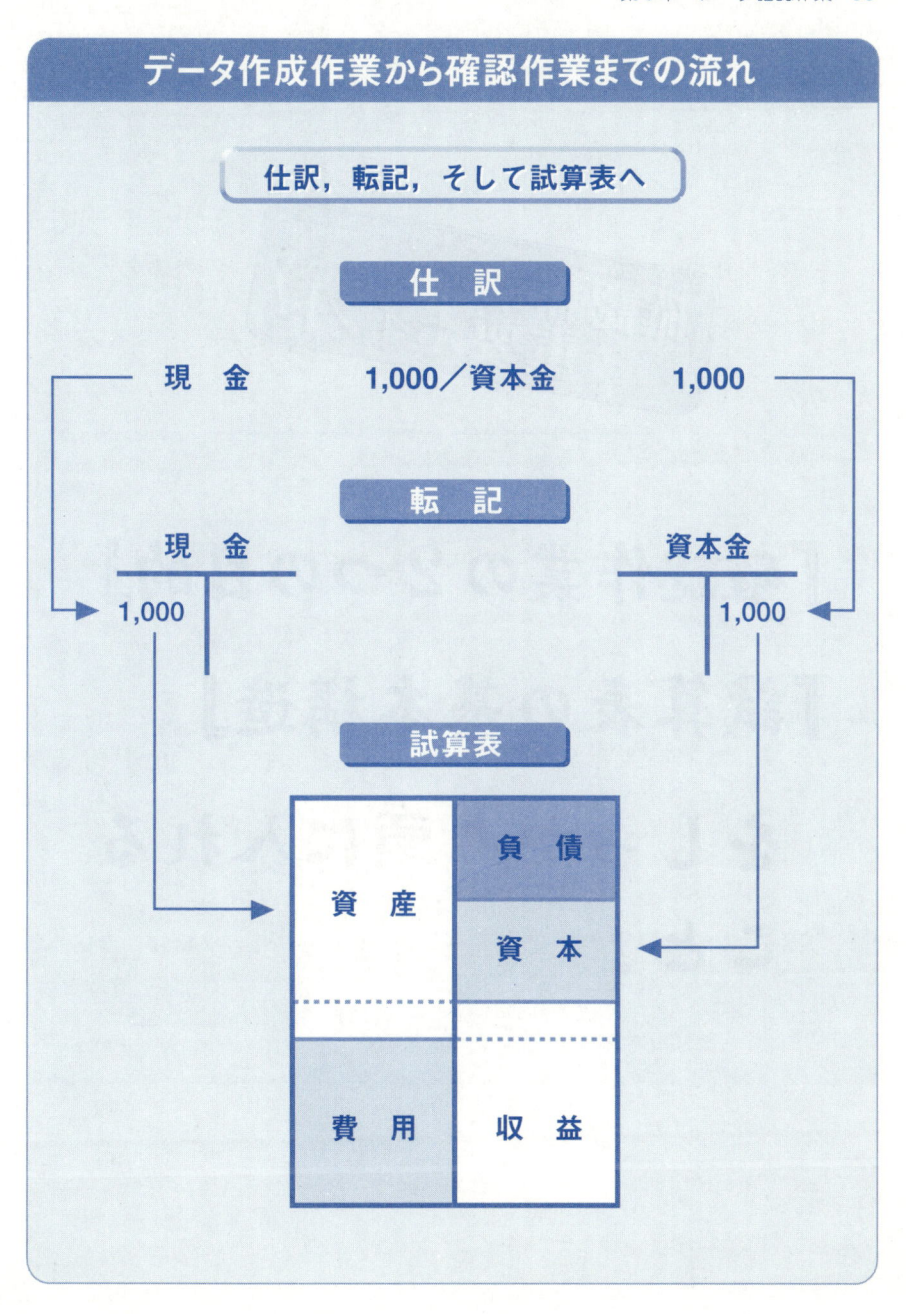

データ作成作業から確認作業までの流れ

仕訳，転記，そして試算表へ

仕訳

現　金　　1,000／資本金　　1,000

転記

現　金	資本金
1,000	1,000

試算表

資　産	負　債
	資　本
費　用	収　益

確認作業の重要ポイント！

『確認作業の２つの目的』
『試算表の基本構造』
　をしっかり頭に入れること！

第6章

データ修正作業
精算表

この章では，簿記の作業を5段階に分けた場合の4番目のステップ「データ修正作業」（精算表）について解説します。

1 なぜ修正するのか？

● 期間のズレを調整する

前章で会社の儲けを算出する上で重要な3つの区分について次のとおり学びました。

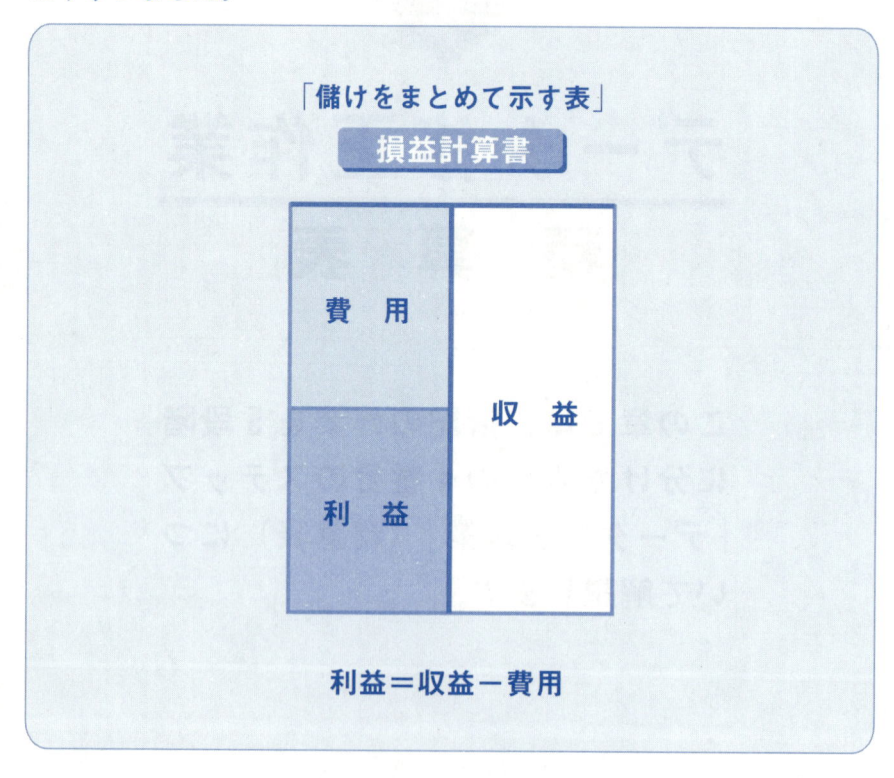

```
        「儲けをまとめて示す表」
           損益計算書

        ┌─────┬─────┐
        │ 費 用│     │
        │     │     │
        ├─────┤ 収 益│
        │ 利 益│     │
        │     │     │
        └─────┴─────┘

         利益＝収益－費用
```

会社の儲けを増やす要素をまとめて「収益」と呼び，逆に会社の儲けを増やすために犠牲になる要素をまとめて「費用」と呼びました。

そして，すべての収益から費用を差し引いて残ったものが儲け，すなわち利益でした。

一方，会社の利益は「一定期間」を区切って計算することになっていますから，「利益＝収益－費用」の関係をより正確に表わすと次のようになります。

> 期間利益　＝　期間収益　－　期間費用

つまり，それぞれの収益や費用がどの期間（利益計算のための）に属しているかを正確に把握して計算に反映させないと，期間利益が正しく求められません。

普通に簿記の記録を重ねていけば自然に期間対応が行われる収益や費用も少なくありませんが，不規則的に発生する収益や費用の中には利益を計算する単位である「一定期間」を跨（また）ぐものも出てきます。こうした収益や費用については，「期間利益」を計算するさい，**期間的なズレを微調整**しなくてはなりません。

● 財産の歪みを調整する

　一方、「一定期間」の「最後の時点」には、「会社がどれだけの財産をもっているか」を計算しなくてはなりませんが、このさい計算上の財産価値と実際の財産価値にズレが生じていることが多々あります。財産に傷みが生じていて計算上の財産価値を下回っているようなケースや、一部の財産が紛失してしまい計算上の財産の有り高を下回っているようなケースです。このような場合、**財産的な歪みを微調整**しなくてはなりません。

　このように儲けを計算するさいの期間的なズレを微調整したり、財産を計算するさいの財産的な歪みを微調整するために、この段階で「データの修正作業」が必要になるのです。

第6章 データ修正作業 105

目的

期間のズレを調整する

財産の歪みを調整する

確認作業が
必要だよ〜

② どう修正するのか？

● 便利なフォーム「精算表」

この修正作業は**精算表**というフォームを使って行われます。

精算表は複式簿記に特徴的なフォームです。前段階の「データ確認作業」で使用した試算表（正確には「残高試算表」）を基に，必要な修正作業を加えると，損益計算書や貸借対照表の原版ができる便利なフォームです。

口で説明するよりも実例でこのフォームを使って作業した方がわかりやすいので，この後，実例で修正作業を再現します。ここでも複式簿記の2面性がいかんなく力を発揮します。仕訳の段階から個々の取引を2面的にとらえて左右に書き分けてきた成果が，大きく花開くのです。

● ためしに修正してみよう

これまで積み上げてきた作業，すなわち仕訳し，転記し，試算表で確認したデータを使って，実際に修正作業をしてみましょう。

次頁に掲げたのが，これまでのデータを基に作成した精算表です。

「残高試算表」欄，「修正記入」欄，「損益計算書」欄，「貸借対照表」欄の4つで構成されています。

精算表

← この章のテーマ

勘定科目	残高試算表 左	残高試算表 右	修正記入 左	修正記入 右	損益計算書 左	損益計算書 右	貸借対照表 左	貸借対照表 右
現　　金	785						785	
商　　品	10			2			8	
消耗品	15			5			10	
備　　品	18			3			15	
建　　物	300			10			290	
土　　地	500						500	
借入金		600						600
資本金		1,000						1,000
売　　上		50				50		
売上原価	5				5			
通信費	5				5			
保険料	12			2	10			
前払保険料			2				2	
減価償却費			13		13			
消耗品費			5		5			
棚卸減耗損			2		2			
当期純利益					10			10
計	1,650	1,650	22	22	50	50	1,610	1,610

● 作業プロセスにおける最後のヤマ場

　前の段階で確認作業を終えた「残高試算表」の数字を基に，必要な修正作業を加えて，「損益計算書」および「貸借対照表」の原版に発展させていきます。

　いきなり，たくさんの勘定科目と数字が並んだフォームを目にして当惑しているかもしれませんが，ご安心ください。ひとつひとつかみ砕いて説明していきます。

　一番左側の「残高試算表」欄については，前の段階（データ確認作業の段階）で作成したものをそのまま再掲しているだけです。

　前章で説明したとおり，残高試算表はすべての取引の結果を示すため取引の全体像をつかむには最適です。

　儲けや財産の計算における期間的なズレや財産的な歪みを矯正するには，取引の全体像を把握しなくてはなりませんから，ここで残高試算表のデータが役立つのです。

　この残高試算表のデータを基に必要な修正を加えて，期間的なズレや財産的な歪みを矯正していきます。この修正作業が完了してしまえば，損益計算書や貸借対照表を作成するのはたやすいことです。そういう意味では，簿記の作業プロセスにおける最後のヤマ場です。がんばってください。

　データの修正作業にもいろいろありますが，**代表的なのは「期間のズレの修正」と「財産の歪みの修正」**の2つです。

　ここまで積み上げてきたデータにも，「期間のズレの修正」と「財産の歪みの修正」が必要な箇所があります。以下の項で具体的に見て

みましょう。

3 儲けと財産を把握する前提

● 儲けは一定期間で把握する

　「期間のズレ」と「財産の歪み」の矯正作業を行う前に，儲けの計算と財産の計算の前提条件について考えてみます。

　複式簿記が生まれた頃のイタリアでは，儲けの計算の単位が一航海，すなわち毛織物など西欧の物資を船で東洋に運び，帰りに香料など東洋の産物を持ち帰るワン・サイクルでいくら儲かったか，を計算したといわれています。運と度胸で勝負した冒険的なロマン溢れる時代の話です。

　ところが，**永続的に営まれることを前提とする今日の企業**の場合にはそうもいきません。

　また，発生した収益と費用とを対比させて差額を求めるという儲けの計算の特性から，特定の一時点をとって儲けを把握することも困難です。対応する収益と費用とが必ずしも同時に発生するとは限らないからです。

　そこで，どうしても**人為的に一定の期間を区切って，その間に発生した収益と費用とを対応させる作業**が必要になります。この一定期間のことを，正式には会計期間と呼び，ほとんどの企業の場合１年です。ちょうど学校が１年を人為的にいくつかの学期に区切って，その間の学業成績を学生ごとに評価するのに似ています。ただし，会社の場合その対象が学業でなく**経営活動の成果**であるため，一般には経営成績

と呼ばれています。

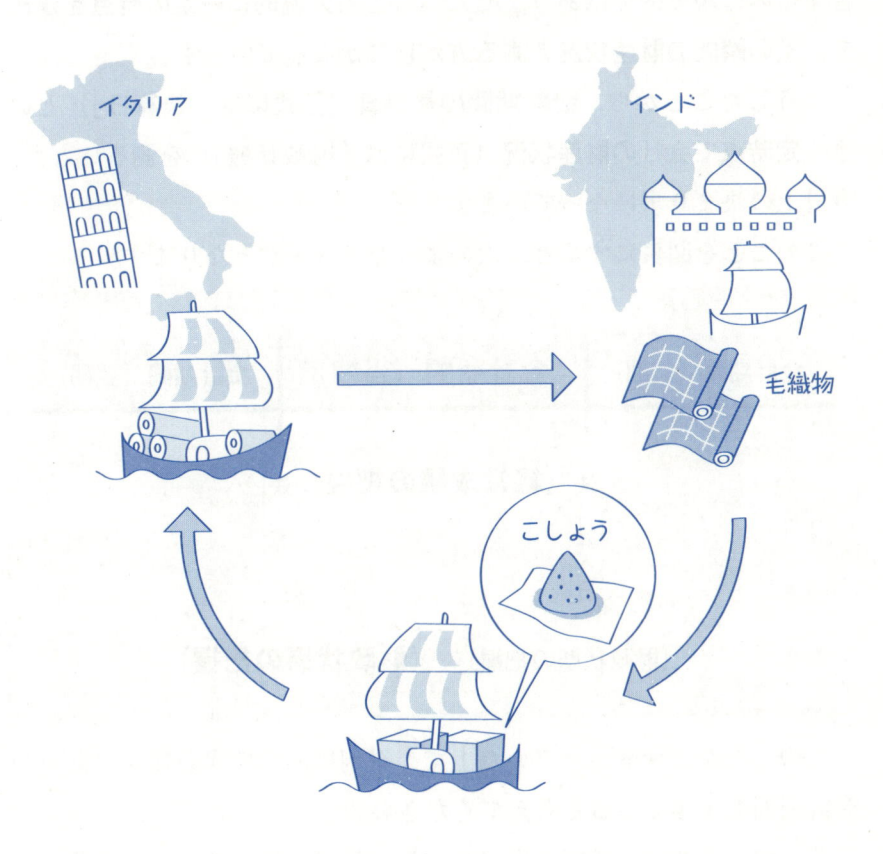

● 財産は一定時点で把握する

一方，会社の財産の状況は刻一刻と変化しています。

したがって，経営成績のように一定の期間を区切って財産内容を把握するのは現実的ではありません。むしろ**人為的に一定の時点を決めて，その瞬間の財産状況を測る**方が理にかなっています。

こうしたことから，**会計期間の最終日（正式には「決算日」）という一定時点で会社の財産状況（正式には「財政状態」）を測る**ことが，会計上の決まり事になっています。

このことを図表にすると，次のようなイメージとなります。

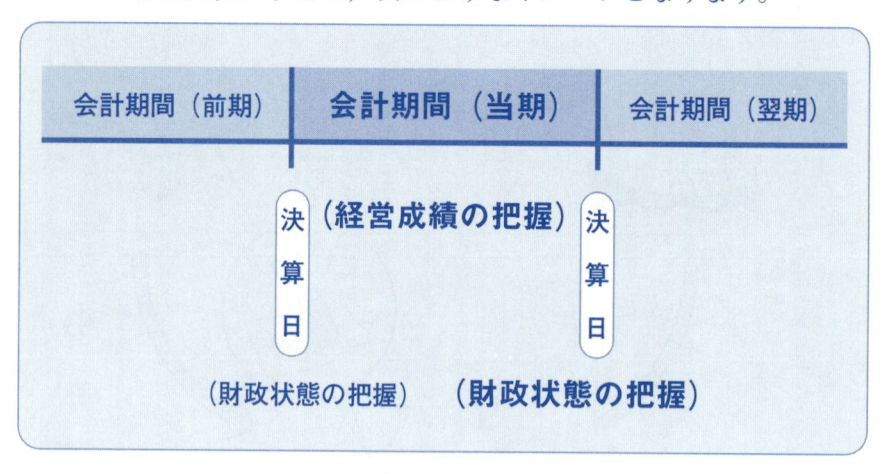

会計期間（前期）	会計期間（当期）	会計期間（翌期）
	決算日（経営成績の把握）決算日	
（財政状態の把握）	（財政状態の把握）	

このことをご理解いただいた上で，設例にある株式会社サイトーの会計期間も1年であると考えてください。

そして，第3章の設例にあった取引が株式会社サイトーの今期（会計期間）1年間に発生した取引のすべてであったと仮定します。つまり107頁の精算表は今期の取引すべてをカバーしていると仮定するわけです。

さらに，株式会社サイトーの会計期間は4月1日から翌年の3月31日までとします。

以上の前提で次頁からの説明をお読みください。

4 期間のズレを修正する

●「保険料」のカバーする期間

　第3章の設例にあったとおり，精算表に表示されている「保険料12万円」は2002年6月1日から2003年5月31日までの1年間をカバーする保険の代金です。

　一方，株式会社サイトーの今期（決算期間）は2002年4月1日から2003年3月31日であり，期間にズレが生じています。

　細かいことではありますが，決算期間の儲けを正確に計算するためにはこのズレを修正しなくてはなりません。儲けの計算が一定期間に発生した収益と費用の差額である以上，それぞれの収益や費用が効果を及ぼす期間を厳密に対応させる必要があるからです。

　ここで今一度次の関係を思い起こしてください。

$$期間利益　=　期間収益　-　期間費用$$

　この「保険料　12万円」が経済的便益をもたらす期間は2002年6月1日から2003年5月31日までです。言い換えれば，2002年6月1日から2003年5月31日までの間の儲けを増やすために犠牲になっているわけです。

　一方，株式会社サイトーは，2002年4月1日から2003年3月31日までの期間の儲けを計算しなくてはならず，2ヵ月間のズレが生じてし

まいます。このズレを矯正するのが，この項のテーマです。

この矯正作業は以下のとおり行います。

1. 今期（会計期間）からはみ出る2ヵ月間（2003年4月1日から2003年5月31日までの期間）に相当する保険料を前払いしていると認識する。
2. その上で，前払いしている分を翌期に対する今期（会計期間）の「貸し」と見なし，今期末の財産計算のさい資産として計上する。
3. 一方，前払いしている分だけ，今期（会計期間）過分に費用を負担していることになるため，この分を今期（会計期間）の費用から差し引く。

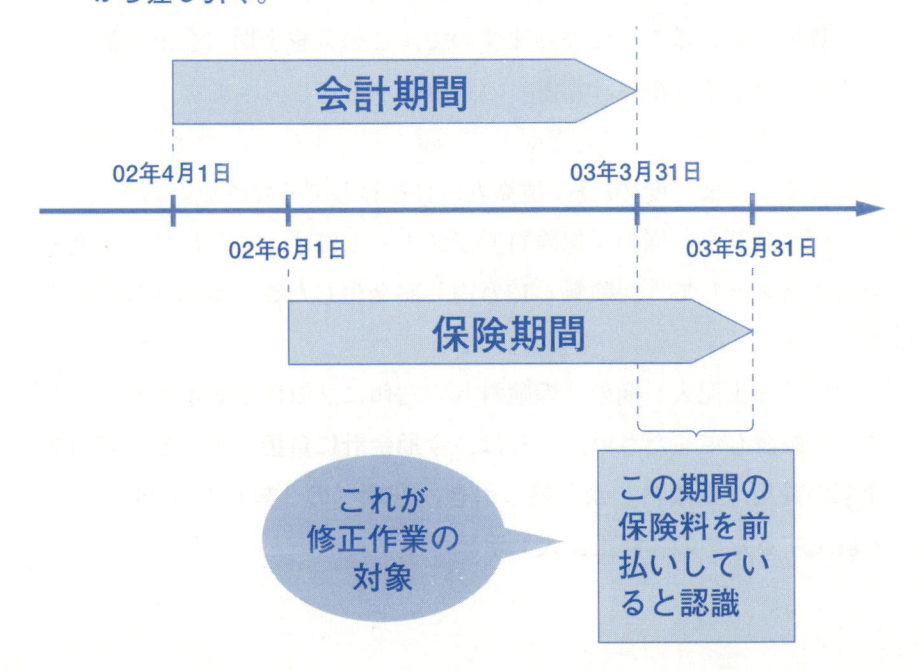

数字をあてはめて具体的に確認します。

1. まず，今期（会計期間）からはみ出る2ヵ月間に相当する保険料の金額を特定しなくてはなりません。

　　保険料は2002年6月1日から2003年5月31日までの12ヵ月間をカバーして12万円ですから，1ヵ月あたりの保険料は1万円です。つまり，はみ出る2ヵ月間に相当する保険料は2万円と考えることができます。

2. この分（2万円）が翌期に対する今期（会計期間）の「貸し」ですから，この額を今期末の財政状態を示す「貸借対照表」の上に資産として計上します。

3. 一方，この分（2万円）だけ，今期（会計期間）余分な費用を負担していることになりますので，この分を今期（会計期間）の儲けを示す「損益計算書」の費用欄から差し引きます。

ここで，いま一度107頁の精算表に目を移してください。

「残高試算表」欄の「保険料」がスタートです。ここには，今期の取引の結果として「保険料　12万円」が発生したことが示されています。

次に「修正記入」欄の「保険料」の右側に2万円が表示されていることを確認してください。これは，**今期余計に負担している2万円を今期の費用「保険料」から差し引き，翌期への「貸し」（債権）として計上するための「修正記入」手続き**です。

勘定科目	残高試算表		修正記入		損益計算書		貸借対照表	
	左	右	左	右	左	右	左	右
保　険　料	12			2	10			
前払保険料			2				2	

　この2万円が「修正記入」欄の右側に表示されていることに大きな意味があります。「残高試算表」の「保険料　12万円」は左側に表示されていることと対比して，改めてご確認ください。

　「残高試算表」の「保険料　12万円」が左側に表示されているのは，冒頭の仕訳作業，つまり「保険料　12／現　金　12」で左側に表示されたことを，（転記作業を経て）受け継いでいることによるものです。つまり，現金を中心に考えた場合，現金が増える取引は現金を左側に，このケースのように現金が減る取引は現金を右側に仕訳したため，相手勘定である「保険料」は反対の左側に表示されたのでした。

　実は，この取引を「保険料」の側から見た場合に，「なぜ保険料が左側に表示されるのか」には理由があるのですが，これは第8章で細かく説明します。

　この段階では，「残高試算表」欄で「保険料」が左側に表示されているのに対し，「修正記入」欄で修正分が反対の右側に表示されている点をしっかり押さえてください。

前章で「試算表」には「合計欄」と「残高欄」のふたつがあり，「合計欄」には左右それぞれの合計額を，「残高欄」には左右の差額を記入することを学びました。今ここで学んでいる「精算表」の「修正記入」欄は，この試算表の「残高欄」を修正しているのですから，当然のことながら各勘定科目の左右の差額の修正を目的としています。

つまり，全体像をつかむため取りあえず集計した各勘定科目の残高のうち，**期間的なズレや財産的な歪みを修正する必要があるものについて，「残高試算表」の残高がある側の反対側に修正金額を記入して左右の残高を調整**します。

慣れないとすぐにはピンと来ないと思いますが，複式簿記の構造を理解する上ではとても大切な点です。この段階では完全に理解できなくても，この本を最後までお読みになれば必ずご理解いただけると思います。あきらめずに読み進んでみてください。

この「修正記入」の結果（残高試算表の「保険料・左側残高 12万円」と修正記入欄の「保険料・右側残高2万円」を相殺して左右の差額残高を求めた結果），今期の利益を計算する「損益計算書」欄の「保険料」勘定には，今期の費用とすべき10万円が表示されています。

勘定科目	残高試算表		修正記入		損益計算書		貸借対照表	
	左	右	左	右	左	右	左	右
保 険 料	12			2	10			
前払保険料			2				2	

一方，**翌期に対する「貸し」として今期末の貸借対照表の上に表示する分**については，「前払保険料」という新たな勘定科目を作って記入します。これは，先に「貸借対照表」欄の「前払保険料」勘定をご

覧いただいた方がわかりやすいと思います。左側に2万円が表示されている点を確認してください。

では、この2万円に相当する分が「修正記入」欄でどう表示されているかを確認するため、今一度「修正記入」欄に戻ってください。「前払保険料」の左側に2万円の表示があります。

今回は、既存の勘定科目の残高を減らすための「修正記入」でなく、資産を計上するため新たに勘定科目を設定し残高を記入するための「修正記入」です。「前払保険料」という独立した勘定科目を設け2万円の残高を書き加えています。このさい、この残高が左側に記入されている点に注意してください。

実は、ここで取り上げている修正作業はいきなり精算表を使って行われるのでなく、**直前に「前払保険料　2／保　険　料　2」という仕訳作業が行われ、それが精算表に書き移されているのです。**

いずれにしても、「『修正記入』欄に記入するさいは必ず左右ワンセットで記入すること」を覚えておいてください。

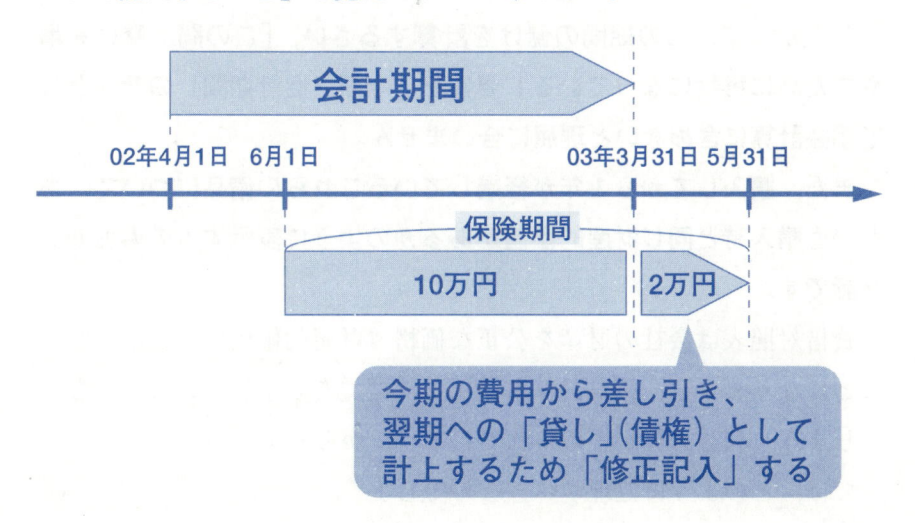

```
                会計期間
02年4月1日  6月1日              03年3月31日 5月31日
                  保険期間
              10万円              2万円
```

今期の費用から差し引き、翌期への「貸し」(債権)として計上するため「修正記入」する

● 「備品」のもたらす便益とは？

次に「備品」のもたらす便益について考えてみたいと思います。

このことを説明するにあたって，机や椅子，書類整理のための書棚といった備品の財産的価値が，購入時と1年が経過した時点とではどう変化しているかを考えてみたいと思います。

机や椅子などの中には，購入時と1年経過後の状態が外見的にはまったく変わらないように見えるものもあるでしょう。

しかし，だからといって誰かが1年間使った机や椅子を新品の時とまったく同じ価格で買いたいという人はいないでしょう。数少ないアンティック商品は別として，通常は新品の時より財産的価値が落ちていると考えるからです。

このことを逆の面から見ると，机や椅子なども日々の経営活動で経済的な便益を提供していると考えることができます。つまり，「儲けを増やすため犠牲になっている」わけです。

したがって，この期間の儲けを計算するさい，「この間，儲けを増やすために犠牲になっている」要素を，今期（会計期間）の費用として損益計算に含めないと理屈に合いません。

また，購入してから1年が経過しているこれらの備品について，あたかも購入時と同じ財産的価値があるかのように表示するのもおかしな話です。

貸借対照表は会社の財産を公正な価格（財産的価値）で表示しないことになりますし，損益計算書は正しく利益を表示しないことになってしまう（利益計算が歪められてしまう）からです。

では，どのように処理すべきなのでしょう。

財産的価値が落ちていることは明らかでも，机や椅子の場合，会計期間の最終日に現物を調べたところで財産的価値の減少分を金額として特定するのは困難です。机の角が傷ついていたり，椅子のクッションが痛んでいたりすることはわかっても，それがいくらの価値減少分に相当するのか金額的に特定するのはむずかしいからです。

そこで，簿記では，この価値減少分を人為的に一定のルールにあてはめて，金額的に特定し費用と見なします。このルールにはいくつかの種類があるのですが，いずれも**考え方の基本は「時間の経過とともに一定の額あるいは率で価値が減少する」と見なすことです**。時間の経過とともに価値が減少すると見なす一定の額あるいは一定の率相当分を，**当該会計期間の価値減少額（当該会計期間の利益を増やすために犠牲となった額，つまり費用）として儲けの計算に反映させる**のです。

人為的に特定するこの費用のことを，「価値が減少した分（減価）を償却（しょうきゃく）する」という意味で，**減価償却費（げんかしょうきゃくひ）**と呼びます。

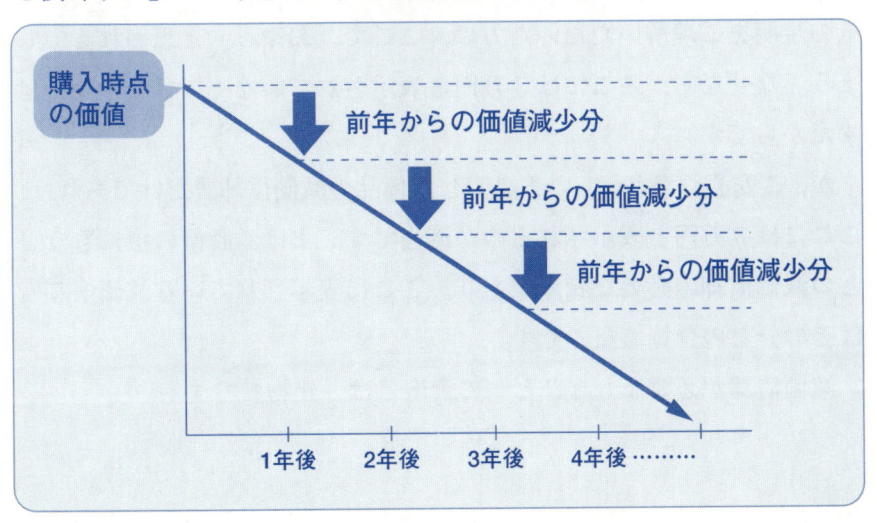

本書の設例で具体的に見てみましょう。

設例では購入時の備品の価格が18万円でした。仮りにこの備品の価値が1年間に3万円ずつ減少し，6年間で財産的価値がゼロになるとしましょう。つまり，毎年3万円ずつ利益を増やすために犠牲になっている（費用となっている）と考えるわけです。

この場合，当該会計期間（1年間）の減価償却費は3万円ということになり，この分を費用として損益計算書の上に反映させます。

一方，この期間に備品の財産的価値は3万円減少したのですから，会計期間最終日（決算日）の貸借対照表の上では備品を15万円（18万円－3万円）の財産として計上します。

（注）実際の減価償却費の計算は，償却期間終了後に多少の財産的価値が残る（残存価額）という前提で行われるケースが一般的。

ここで再び，107頁の精算表に目を移してください。

「減価償却費」勘定の「修正記入」欄に13万円と表示されています。上の説明をご理解いただいた方は，ここで「おやっ」と思われるでしょう。なぜなら，ここには3万円と表示されていなくてはならないはずだからです。

が，ご安心ください。いま説明した備品の減価償却費だけであれば，ここには3万円と表示されるのが適当です。実は，設例の中にもうひとつ減価償却の必要な資産があり，ここに表示されている減価償却費はその分との合算値なのです。

減価償却が必要なもうひとつの資産とは「建物」です。

勘定科目	残高試算表		修正記入		損益計算書		貸借対照表	
	左	右	左	右	左	右	左	右
備　　品	18			3			15	
建　　物	300			10			290	
減価償却費			13		13			

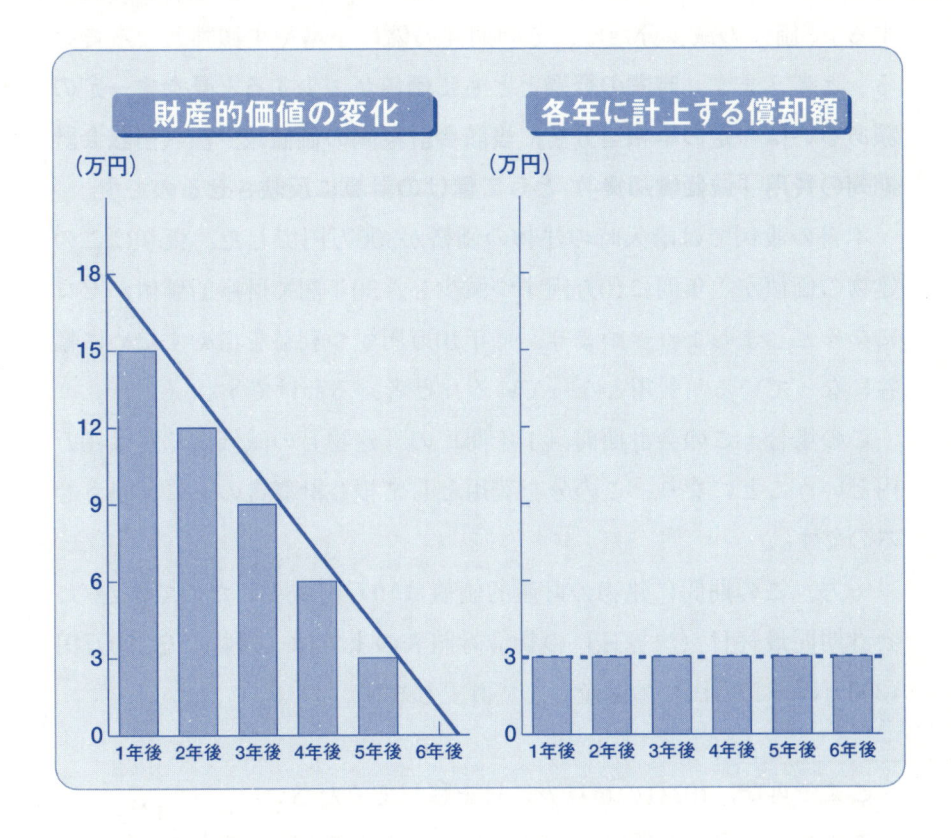

財産的価値の変化
（万円）

各年に計上する償却額
（万円）

●「建物」のもたらす便益とは？

「建物」のもたらす経済的便益を認識する考え方の基本は，おおむね「備品」と同じです。

すなわち，「時間の経過とともに一定の額あるいは率で価値が減少する」「価値の減少分だけ，その期間の儲けを増やす犠牲となっている」と考えます。**時間の経過とともに価値が減少すると見なす一定の額あるいは一定の率相当分を，当該会計期間の価値減少額（当該会計期間の費用「減価償却費」）として儲けの計算に反映させる**のです。

本書の設例では購入時の建物の価格が300万円でした。仮りにこの建物の価値が1年間に10万円ずつ減少し，30年間で財産的価値がゼロになるとしましょう。つまり，毎年10万円ずつ利益を増やすために犠牲になっている（費用となっている）と考えるわけです。

この場合，この会計期間（1年間）の「建物」の減価償却費は10万円ということになり，この分を費用として損益計算書の上に反映させるのです。

一方，この期間に建物の財産的価値は10万円減少したのですから，会計期間最終日（決算日）の貸借対照表の上では「建物」を290万円（300万円－10万円）の財産として計上します。

ここで再び，107頁の精算表に目を移してください。

ここまでの説明を聞いて，ようやく「減価償却費」勘定の「修正記入」欄に13万円と表示されている意味がおわかりいただけたと思います。ここに表示されている「減価償却費」は，さきに説明した「備品」の減価償却費（3万円）と，「建物」の減価償却費（10万円）の合算

値なのです。

勘定科目	残高試算表		修正記入		損益計算書		貸借対照表	
	左	右	左	右	左	右	左	右
備　　品	18			3			15	
建　　物	300			10			290	
減価償却費			13		13			

　一方,「建物」勘定の「修正記入」欄の右側には「建物」勘定の残高を修正するための10万円が,「備品」勘定の「修正記入」欄の右側には「備品」勘定の残高を修正するための3万円が,それぞれ表示されています。

　さきに「保険料」の期間調整のところでも説明したとおり,この修正作業はいきなり精算表を使って行われるのでなく,直前に仕訳作業が行われた上で精算表に書き移されています。減価償却費に関して行われた仕訳作業は次のとおりです。

```
減価償却費    3／備  品    3
減価償却費   10／建  物   10
```

　左側の減価償却費は共通ですから,これをまとめて次のように表示することも可能です。

```
減価償却費   13／備  品    3
              ／建  物   10
```

　精算表の上ではこの状態で「修正記入」欄に表示されているわけです。

（注）減価償却費の仕訳には，上のように償却の対象となる資産の残高を直接減らす方法（直接法）と，「減価償却累計額」という勘定科目を経由して間接的に残高を減らす方法（間接法）があります。が，最初の段階では，まず単純な直接法で「減価償却の本質」を理解してください。

　ここでも，「『修正記入』欄に記入するさいは必ず左右ワンセットで記入すること」を忘れないでください。

　ちなみに，「土地」勘定は「減価償却」不要です。
　「備品」や「建物」と異なり，時間が経過しても財産価値が落ちないと見なされるためです。

第6章　データ修正作業　127

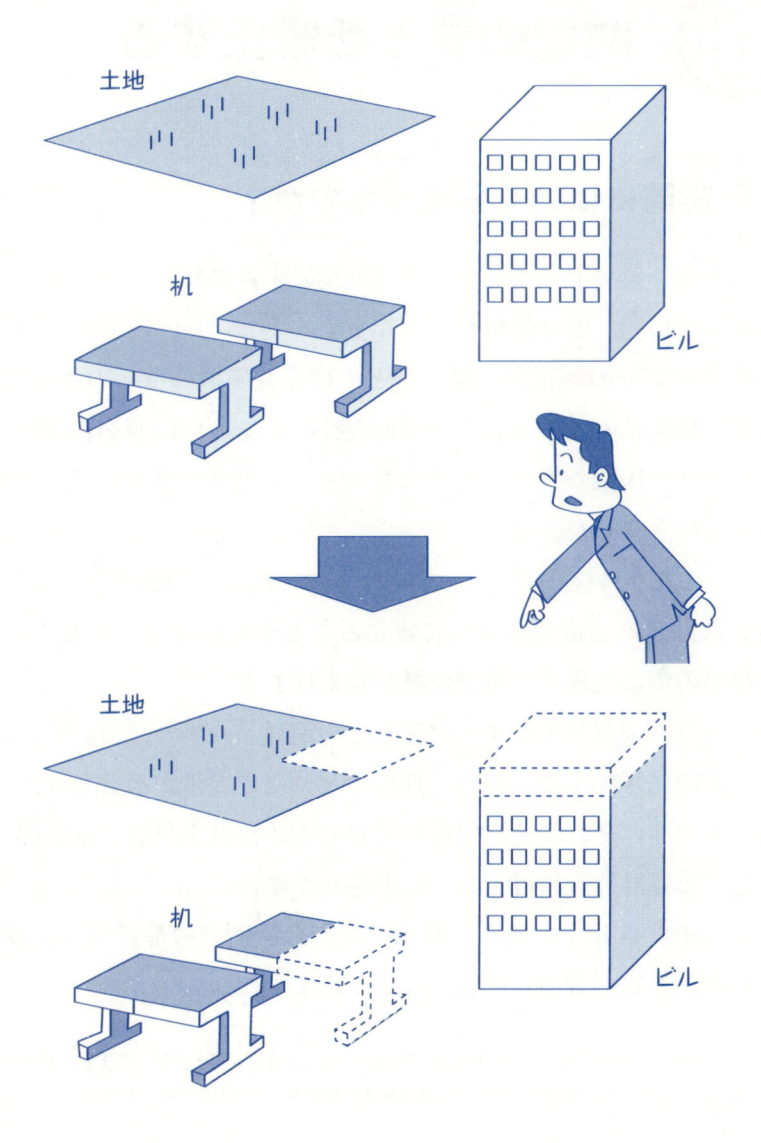

5 財産の歪(ゆが)みを修正する

● 実際にはいくら使ったのか？

　同じ修正作業でも，ここで扱う「財産の歪みの修正」はさきの「期間のズレの修正」とは性格が異なります。

　「期間のズレの修正」の場合，とくに「減価償却費」の場合には，当該会計期間にもたらされた経済的便益の量あるいは額を物理的に特定することが困難なため，人為的なルールを設けて費用とすべき便益の額を算出しました。

　一方，これから扱う資産は，いずれも物理的に経済的便益の量や額，あるいは財産の価値減少分を特定することが可能です。したがって，**修正作業の中に物理的な確認作業が含まれます**。

　たとえば，筆記具や便箋・封筒などの消耗品の場合，会計期間の最終日に実際に現物を調べれば，期間中どれだけの量が消費されたかわかるはずです。それゆえ，実際に消費した分だけを当該会計期間の費用として損益計算書に計上すれば事足ります。

　一方，消費されずに残った分は，その会計期間の最終日（決算日）時点の財産として貸借対照表に計上されます。

　（注）消耗品については，逆に消耗品購入時に全額をいったん費用として処理し，決算日時点で消耗されずに残っている分を，費用から資産に振り替えるという方法もあります。

　このことを，精算表（次頁に再掲）で確認してみましょう。

精算表(再掲)

この章のテーマ →

勘定科目	残高試算表 左	残高試算表 右	修正記入 左	修正記入 右	損益計算書 左	損益計算書 右	貸借対照表 左	貸借対照表 右
現　　　金	785						785	
商　　　品	10			2			8	
消　耗　品	15			5			10	
備　　　品	18			3			15	
建　　　物	300			10			290	
土　　　地	500						500	
借　入　金		600						600
資　本　金		1,000						1,000
売　　　上		50				50		
売 上 原 価	5				5			
通　信　費	5				5			
保　険　料	12			2	10			
前払保険料			2				2	
減価償却費			13		13			
消 耗 品 費			5		5			
棚卸減耗損			2		2			
当期純利益					10			10
計	1,650	1,650	22	22	50	50	1,610	1,610

設例の前提として「会計期間の最終日に現物を調べた結果，当初購入した15万円の消耗品が10万円分に減っていることを確認した」とします。

この前提で「消耗品」の「残高試算表」欄に目を移してください。今期の取引の結果，期末時点で総勘定元帳の残高として「消耗品　15万円」が存在していることを示しています。

次に「修正記入」欄の「消耗品」の右側に5万円が表示されていることを確認してください。これは，**今期消費して存在していない5万円分を期末時点の財産「消耗品」から差し引き，今期の「費用」として計上するための「修正記入」手続き**です。

この5万円が「修正記入」欄の右側に表示されていることに大きな意味があります。「残高試算表」の「消耗品　15万円」は左側に表示されていることと対比して，改めてご確認ください。

「残高試算表」の「消耗品　15万円」が左側に表示されているのは，冒頭の仕訳作業，つまり「消耗品　15／現　金　15」で左側に表示されたことを，（転記作業を経て）受け継いでいることによるものです。つまり，現金を中心に考えた場合，現金が増える取引は現金を左側に，このケースのように現金が減る取引は現金を右側に仕訳したため，相手勘定である「消耗品」は反対の左側に表示されたのでした。実は，この取引を「消耗品」の側から見た場合に，「なぜ消耗品が左側に表示されるのか」には理由があるのですが，これは第8章で細かく説明します。

この段階では,「残高試算表」欄で「消耗品」が左側に表示されているのに対し,「修正記入」欄で修正分が反対の右側に表示されている点をしっかり押さえてください。

　前章で「試算表」には「合計欄」と「残高欄」のふたつがあり,「合計欄」には左右それぞれの合計額を,「残高欄」には左右の差額を記入することを学びました。今ここで学んでいる**「精算表」の「修正記入」**欄は,この試算表の「残高欄」を修正しているのですから,当然のことながら**各勘定科目の左右の差額の修正を目的**としています。

　つまり,全体像をつかむため取りあえず集計した各勘定科目の残高のうち,**期間的なズレや財産的な歪みを修正する必要があるものについて,「残高試算表」の残高がある側の反対側に修正金額を記入して左右の残高を微調整**します。

　この「修正記入」の結果(残高試算表の「消耗品・左側残高　15万円」と修正記入欄の「消耗品・右側残高5万円」を相殺して左右の差額残高を求めた結果),今期の財産を示す「貸借対照表」欄の「消耗品」勘定には,今期末時点での財産の有り高10万円が表示されています。

勘定科目	残高試算表		修正記入		損益計算書		貸借対照表	
	左	右	左	右	左	右	左	右
消耗品	15			5			10	
消耗品費			5		5			

一方，今期の「費用」として今期の損益計算書の上に表示する分については，「消耗品費」という新たな勘定科目を作って記入します。「損益計算書」欄の「消耗品費」勘定をご覧ください。左側に 5 万円が表示されています。

　では，この 5 万円に相当する分が「修正記入」欄でどう表示されているかを確認するため，今一度「修正記入」欄に戻ってください。「消耗品費」の左側に 5 万円の表示があります。

　今回は，既存の勘定科目の残高を減らすための「修正記入」でなく，費用を計上するため新たな勘定科目を設定し，残高を記入するための「修正記入」です。「消耗品費」という独立した勘定科目を設け 5 万円の残高を書き加えています。このさい，この残高が左側に記入されている点に注意してください。ここで取り上げている修正作業はいきなり精算表を使って行われているのでなく，**直前に「消耗品費　5／消耗品　5」という仕訳作業が行われ，それが精算表に書き移されている**のです。

　ここでも，「『修正記入』欄に記入するさい必ず左右ワンセットで記入すること」を忘れないでください。

実際に消耗した分の測定

実際に使った分を測定

→ 1年目の「消耗品費」

→ 2年目の　　〃

→ 3年目の　　〃

購入時　1年後　2年後　3年後 ………

⬇

「修正記入」欄に記入するさい
必ず左右ワンセットで記入すること

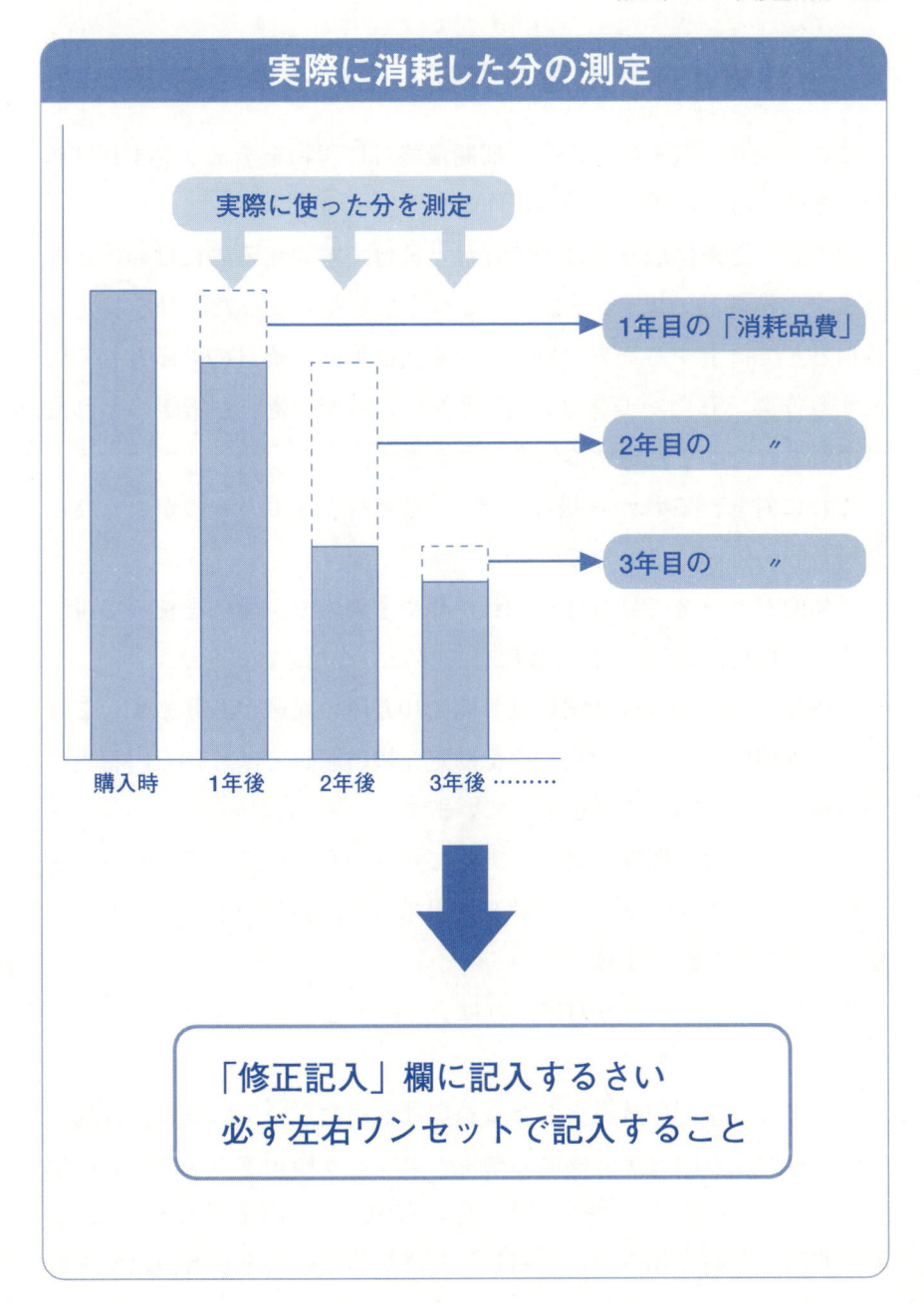

● 計算どおり財産が存在しているか？

　ここで取り上げるのも，会計期間最終日に現物をチェックすれば確認できる「財産の歪み」の修正作業です。

　ただし，さきに取り上げた消耗品と分けて解説するのにはわけがあります。消耗品の場合，「なくなるべくしてなくなった」分を特定し費用として計上する一方，残った分を会計期間最終日の財産として計上する作業でした。つまり，「消費されるべき資産」が実際にどれだけ消費されたかを特定する作業と言えます。

　これに対し，これから扱うのは，「本来あるはずのものがなくなった場合」の処理についてです。

　具体的なケースで見たほうがわかりやすいので，設例を使って説明します。再び，129頁の精算表に目を移してください。

　「商品」勘定の「残高試算表」欄に10万円の記載があります。これは，会計期間最終日の時点で（総勘定元帳の記録では）10万円相当の商品が存在していることを示しています。

　ところが，会計期間最終日に実際に倉庫の商品を調べてみたら，2万円のセットが4セット，合計8万円相当の商品しかなかったとします。ありがちな話ですね。

　こうしたケースにどう対応すればよいのでしょう。

　本章のここまでの解説をおおむねご理解いただいていれば，紛失してしまった2万円分を「商品」勘定の上でどう修正するかは容易に想像がつくと思います。「修正記入」欄の右側に2万円を記入し，「商品」勘定残高（左側　10万円）と相殺して最終的な残高を8万円にするわ

けです。

　問題はその相手勘定です。紛失した商品は会社にとって，財産的にも損益的にも「損失」です。したがって，それにふさわしい勘定科目が必要です。

　精算表にもあるとおり，こうした場合「**棚卸減耗損**」という特殊な勘定科目を使います。

　営業関係の仕事をなさっている方には馴染みがあると思いますが，会社の商品の有り高を実際に確認する作業を「**実地棚卸し**」と呼びます。この棚卸し作業の結果，確認された商品の減耗による損失ということで，このような耳慣れない呼び名があります。

実際に，129頁の精算表で確認してみましょう。

さきに見たとおり，「商品」勘定の「残高試算表」欄に10万円の記載があります。これは，「会計期間最終日の時点で10万円相当の商品が存在しているはずである」ことを示しています。

勘定科目	残高試算表		修正記入		損益計算書		貸借対照表	
	左	右	左	右	左	右	左	右
商　　品	10			2			8	
棚卸減耗損			2		2			

次に「修正記入」欄の「商品」の右側に2万円が表示されていることを確認してください。これは，**今期中に紛失して存在していない2万円分を期末時点の財産「商品」から差し引き，今期の「費用（損失）」として計上するための「修正記入」手続き**です。

この2万円が「修正記入」欄の右側に表示されていることを，「残高試算表」の「商品　10万円」が左側に表示されていることと対比して，改めてご確認ください。

「残高試算表」の「商品　10万円」が左側に表示されているのは，冒頭の仕訳作業，つまり「商品　10／現　金　10」で左側に表示されたことを，（転記作業を経て）受け継いでいます。

この「修正記入」の結果（残高試算表の「商品・左側残高　10万円」と修正記入欄の「商品・右側残高2万円」を相殺して左右の差額残高を求めた結果），今期の財産を示す「貸借対照表」欄の「商品」勘定には今期末時点での財産の実際の有り高8万円が表示されています。

一方，今期の「費用（損失）」として損益計算書の上に表示する分については，「棚卸減耗損」という新たな勘定科目を作って記入しま

す。「損益計算書」欄の「棚卸減耗損」勘定をご覧ください。左側に２万円が表示されています。

勘定科目	残高試算表		修正記入		損益計算書		貸借対照表	
	左	右	左	右	左	右	左	右
商　　品	10			2			8	
棚卸減耗損			2		2			

　では，この２万円に相当する分が「修正記入」欄でどう表示されているかを確認するため，今一度「修正記入」欄に戻ってください。「棚卸減耗損」の左側に２万円の表示があります。

　今回は，既存の勘定残高を減らすための「修正記入」でなく，費用（損失）を計上するため新たな勘定科目を設定し，残高を記入するための「修正記入」です。「棚卸減耗損」という独立した勘定科目を設け２万円の残高を書き加えています。このさい，この残高が左側に記入されている点に注意してください。

　ここで取り上げている修正作業はいきなり精算表を使って行われるのでなく，**直前に「棚卸減耗損　２／商　　品　２」という仕訳作業が行われ，それが精算表に書き移されている**のです。

　ここで改めて，「**『修正記入』欄に記入するさいは，必ず左右ワンセットで記入すること**」を肝に銘じてください。

　なお，精算表を使って損益計算書や貸借対照表を作成する作業については，次章で説明します。

修正作業の重要ポイント！

『修正する項目の反対側（左・右）に修正額を書き入れる』

『左右ワンセットで記入する』

この2点を忘れない！

第7章

データ表示作業
儲けと財産

この章では，簿記の作業を5段階に分けた場合の最後のステップ「データ表示作業」（損益計算書と貸借対照表）について解説します。

1 なにを表示するのか？

代表的なふたつ

　簿記の最終段階「表示作業」で表示するもののうち，もっとも代表的なのが「儲けの状況」と「財産の状況」です。正式には，**経営成績と財政状態**といいました。

　繰り返しになりますが大切な点なので，「経営成績」と「財政状態」について今一度要点を確認しておきます。

　永続的に営まれることを前提とする今日の企業の場合，人為的に一定の期間を区切って，その間に発生した収益と費用とを対応させることにより期間利益を算出します。この一定期間のことを，正式には会計期間と呼び，ほとんどの企業の場合1年です。学校が1年を人為的にいくつかの学期に区切って学業成績を評価するのに似ていますが，会社の場合その対象が学業でなく**経営活動の成果であるため，一般には経営成績**と呼ばれています。

　一方，会社の財産の状況は刻一刻と変化しているため，経営成績のように一定の期間を区切ってその内容を把握するのは現実的ではありません。むしろ**人為的に一定の時点を決めて，その瞬間の財産状況を測る**方が理にかなっています。

　こうしたことから，**会計期間の最終日（正式には「決算日」）という一定時点で会社の財産状況（正式には「財政状態」）を測る**ことが，会計上の決まり事になっています。

このことを図表にすると，次のようなイメージとなります。

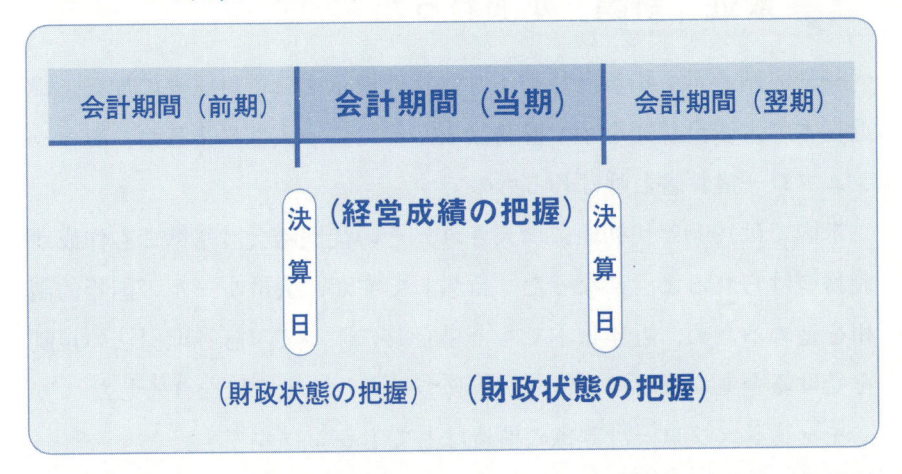

会計期間（前期）	会計期間（当期）	会計期間（翌期）

決算日　（経営成績の把握）　決算日

（財政状態の把握）　（財政状態の把握）

経営成績を示すのが損益計算書であり，財政状態を示すのが貸借対照表（バランスシート）です。

🔵 最近「新顔」が加わった

　経営成績を示す損益計算書，財政状態を示す貸借対照表に加え，最近日本でも資金状態を示す財務諸表が新たに導入されました。キャッシュフロー計算書と呼ばれるものです。

　米国では1990年代初頭に導入され，その後国際会計基準でも作成が義務づけられるようになった「新顔」ですが，会計ルールの国際的調和を進めるため，近年日本でも上場企業に限って（証券取引法の規制を受ける企業に限って）作成が義務づけられるようになりました。

　キャッシュフロー計算書の構造はとてもシンプルです。

　キャッシュの動きが外部の人にも簡単につかめるよう工夫されています。わかりやすさの鍵はキャッシュの色分け（区分）にあります。キャッシュフローをその性格に応じて3つに区分表示しているのです。具体的には，「営業活動によるキャッシュフロー」「投資活動によるキャッシュフロー」「財務活動によるキャッシュフロー」の3つです。

　バランスシートが一定時点（決算年度末）のストックの状態を示すの対し，損益計算書が一定期間（決算期間）のフローの状態を利益面から示し，キャッシュフロー計算書は一定期間（決算期間）のフローの状態を資金の面から示します。

　キャッシュフロー計算書が導入されるまで，日本の財務諸表はバランスシートと損益計算書の2本柱で構成されていました。これにキャッシュフロー計算書が加わることにより日本の財務諸表も3部構成になり，財政状態，損益状態，資金状態の3方向から財務情報が開示されることとなったわけです。

これまで「財政状態」という縦軸と「損益状態」という横軸で構成される2次元平面画像だったのが，「資金状態」という高さ軸が加わることで3次元立体画像に進化したことになります。

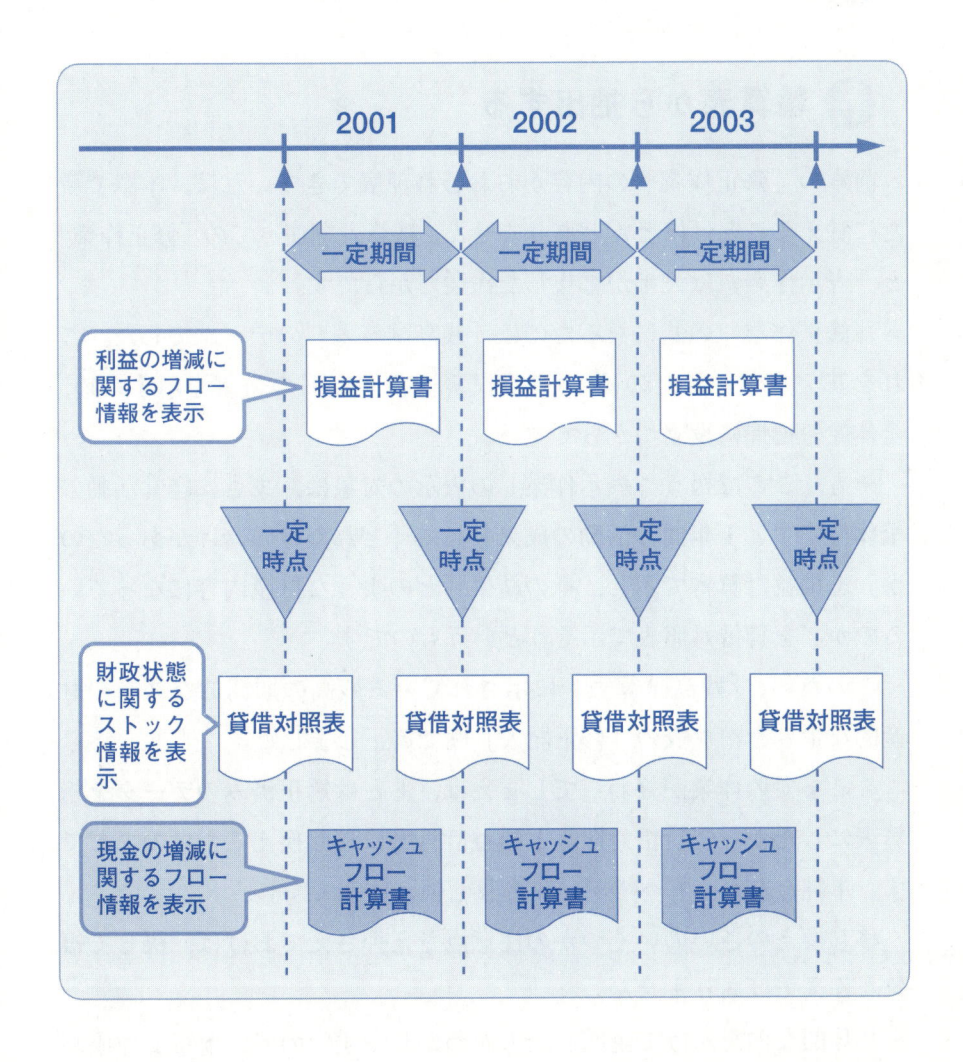

```
                2001        2002        2003
  ─────────▲──────────▲──────────▲──────────▲────→
           ◄─一定期間─►◄─一定期間─►◄─一定期間─►
```

利益の増減に関するフロー情報を表示 → 損益計算書 / 損益計算書 / 損益計算書

一定時点 ▽ ▽ ▽ ▽

財政状態に関するストック情報を表示 → 貸借対照表 / 貸借対照表 / 貸借対照表 / 貸借対照表

現金の増減に関するフロー情報を表示 → キャッシュフロー計算書 / キャッシュフロー計算書 / キャッシュフロー計算書

② どう表示するのか？

● 精算表から抽出する

　前章の「修正作業」の内容がおおむね理解できていれば，本章で新たに覚えることはほとんどありません。精算表を使っての「修正作業」と「表示作業」は大半が重複した作業だからです。

　「修正作業」の基(もと)になったのは「残高試算表」のデータでした。これを基データとしたのは，「残高試算表」が取引の結果を示すため，全体像の把握に役立つからです。

　一方，ここで扱う「表示作業」の表示の対象は，まさに経営活動の全体像です。1年間の活動の成果として「どれだけの儲けがあったのか」を損益計算書で示し，その結果「どのような財産内容になっているのか」を貸借対照表で示そうというものです。

　このさい，「残高試算表」に示されている残高の期間的なズレや財産的な歪(ゆが)みを精算表の「修正記入」欄で矯正(きょうせい)しました。

　ここまでの作業が終わってしまえば，あとは矯正済みのデータを精算表にしたがって貸借対照表と損益計算書に移し換えるだけのことです。単純な左から右へのデータの移し換え作業です。

　移し換えのさいのいくつかの注意点さえ押さえておけば，決して複雑な作業ではありません。

　具体的な例をあげて説明した方がわかりやすいので，前章で作成した精算表を再掲します。

精算表

この章のテーマ: 損益計算書、貸借対照表

勘定科目	残高試算表 左	残高試算表 右	修正記入 左	修正記入 右	損益計算書 左	損益計算書 右	貸借対照表 左	貸借対照表 右
現　　　金	785						785	
商　　　品	10			2			8	
消　耗　品	15			5			10	
備　　　品	18			3			15	
建　　　物	300			10			290	
土　　　地	500						500	
借　入　金		600						600
資　本　金		1,000						1,000
売　　　上		50				50		
売 上 原 価	5				5			
通　信　費	5				5			
保　険　料	12			2	10			
前払保険料			2				2	
減価償却費			13		13			
消 耗 品 費			5		5			
棚卸減耗損			2		2			
当期純利益					10			10
計	1,650	1,650	22	22	50	50	1,610	1,610

この表から次の点が明らかです。

- 「修正記入」欄に記載がない勘定科目は、残高試算表の残高を**単純に貸借対照表か損益計算書のいずれかへ平行移動**している。

- 「修正記入」欄に記載がある勘定科目は、「残高試算表」と「修正記入」欄の数字を**左側と右側で相殺した差額を**、貸借対照表か損益計算書のいずれかへ移動している。

- 当期純利益だけは、貸借対照表と損益計算書の両方に残高がある。が、**貸借対照表では残高が右側に表示**されているのに対し、**損益計算書では残高が左側**に表示されている。

問題は、「どの勘定科目を貸借対照表へ移動し、どの科目を損益計算書に移動させるか」です。これがわからないと、たとえ移すべき残高がわかっても、移しようがありません。

この点については第8章で詳述します。

ここではさきに学んだ「3つの区分」（次頁に再掲）を思い起こしていただき、貸借対照表、損益計算書それぞれの構成要素を大づかみにしてください。

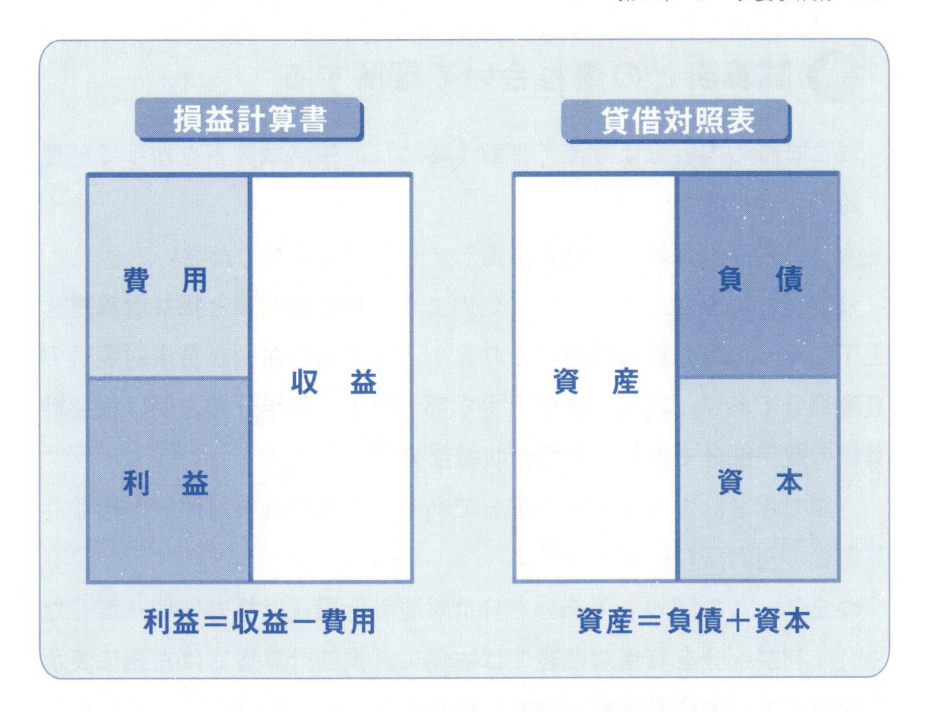

```
┌─────────────────────────────────────────────────┐
│   ┌──損益計算書──┐        ┌──貸借対照表──┐      │
│   ┌────────┬────────┐    ┌────────┬────────┐    │
│   │        │        │    │        │        │    │
│   │  費用  │        │    │        │  負債  │    │
│   │        │        │    │        │        │    │
│   │        │  収益  │    │  資産  │        │    │
│   ├────────┤        │    │        ├────────┤    │
│   │  利益  │        │    │        │  資本  │    │
│   └────────┴────────┘    └────────┴────────┘    │
│     利益＝収益－費用        資産＝負債＋資本    │
└─────────────────────────────────────────────────┘
```

　このように，貸借対照表も損益計算書も，それぞれ3つに区分される構造になっています。

　この単純な構造の理解が，「どの勘定科目を損益計算書へ移動させ，どの科目を貸借対照表へ移動させるか」を判断する上での鍵になります。左右の区別を間違わずに再確認してください。正式な損益計算書や貸借対照表にはさまざまな勘定科目がその残高とともに並んでおり，一見とてもむずかしそうに見えますが，実はこの単純な構造を細分化したにすぎません。

　したがって，「それぞれの勘定科目がこの『3つの区分』のどこに属するのか」をしっかり把握することが第一歩です。

● 試算表との兼ね合いで理解する

　ここまでの内容をより深く理解するには，残高試算表を使って整理するのが効果的です。

　次頁に残高試算表の構造を再掲しましたのでご覧ください。

　残高試算表を図に表わすと，このように**貸借対照表と損益計算書を上下にくっつけた重層構造**になります。**上半分の左側が貸借対照表の資産部分であり，右側が負債と資本部分**です。**下半分の左側は損益計算書の費用部分であり，右側が収益部分**です。

　点線で示された部分が利益部分であり，これは貸借対照表と損益計算書とで左右反対に現われます。

　つまり，この図の上下部分を貸借対照表と損益計算書に切り離した場合，**利益部分を貸借対照表では右側に，損益計算書では左側に表示**しないと左右の残高合計が均衡しません。

　これが，精算表の上で各勘定科目を貸借対照表，損益計算書のそれぞれに移動させようとしたさい明らかになった次の点の背景です。

> 　当期純利益だけは，貸借対照表と損益計算書の両方に残高がある。が，**貸借対照表では残高が右側に表示**されているのに対し，**損益計算書では残高が左側に表示**されている。

残高試算表の重層構造

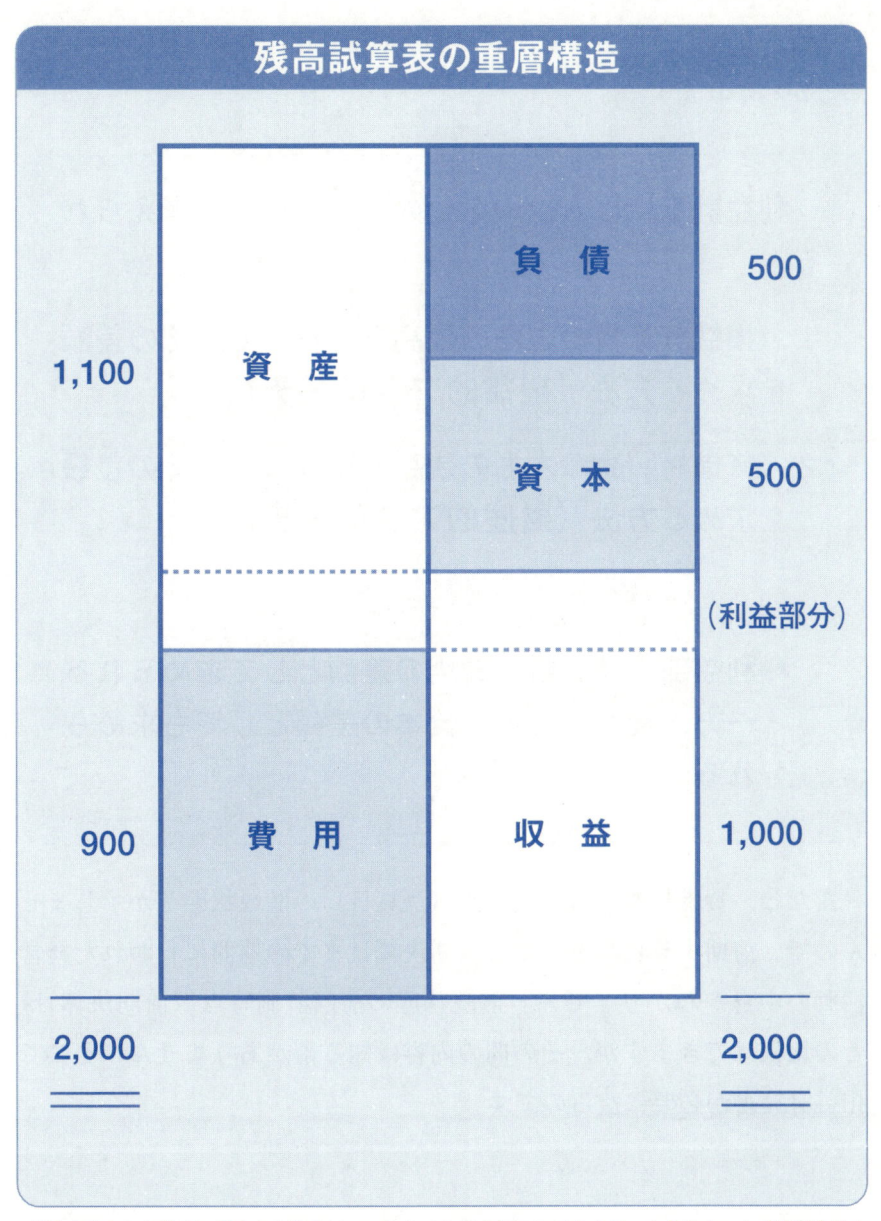

1,100	資　産	負　債　　500
		資　本　　500
		（利益部分）
900	費　用	収　益　　1,000
2,000		2,000

(注)本表上の各勘定に示された数字は，これまでの章で加工してきたデータとはまったく関係ありません。

また，このような貸借対照表および損益計算書の基本構造から次のことがわかります。

> 利益計算には，次の2つのアプローチが考えられる。
>
> 1．損益計算書の左右の残高を比較して，その差額を求める方法（**損益的アプローチ**）。
>
> 2．貸借対照表の左右の残高を比較して，その差額を求める方法（**財産的アプローチ**）。
>
> ➡利益部分は収益と費用の差額として求められる一方，資産と負債＋資本の差額としても求められる。

ただし，貸借対照表は一定時点（決算日）の財政状態しか示しませんので，前期決算日の翌日から当期決算日までの期間に行われた経営活動の中身がわかりません。財政状態の前回計測時点（前期決算日）との比較はできますが，その間の内容は知る術がありません。そこで損益計算書が必要になるのです。

● 貸借対照表の基本構造

　次頁に見開きで精算表と貸借対照表を表示しました。貸借対照表の中身は，精算表の「貸借対照表」欄から抽出したデータを書き移したものです。

　これをご覧いただければ，前章までで作業のヤマ場を越えてしまっていることが明らかです。「精算表」さえ正しく作成できれば，貸借対照表も損益計算書もでき上がってしまったようなものなのです。あとは左から右へ単純に数字を移し換えるだけのことですから。

　逆に言えば，前章までの作業，すなわち「基礎データの作成（仕訳）」，「基礎データの加工（転記）」，「加工データの確認（試算表）」，そして「加工データの修正（精算表）」がそれだけ重要だということです。

　これまでの作業を思い起こしながら，改めて貸借対照表をご覧ください。

精算表(再掲)

ここでのテーマ → 貸借対照表

勘定科目	残高試算表 左	残高試算表 右	修正記入 左	修正記入 右	損益計算書 左	損益計算書 右	貸借対照表 左	貸借対照表 右
現　　　金	785						785	
商　　　品	10			2			8	
消　耗　品	15			5			10	
備　　　品	18			3			15	
建　　　物	300			10			290	
土　　　地	500						500	
借　入　金		600						600
資　本　金		1,000						1,000
売　　　上		50				50		
売上原価	5				5			
通　信　費	5				5			
保　険　料	12			2	10			
前払保険料			2				2	
減価償却費			13		13			
消耗品費			5		5			
棚卸減耗損			2		2			
当期純利益					10			10
計	1,650	1,650	22	22	50	50	1,610	1,610

貸借対照表

平成15年3月31日現在

株式会社サイトー

資産の部	金　額	負債・資本の部	金　額
【流動資産】		【固定負債】	
現　　　金	785	長期借入金	600
商　　　品	8	負　債　合　計	600
前払保険料	2	【資本】	
消　耗　品	10	資　本　金	1,000
【固定資産】		当期未処分利益	10
備　　　品	15	資　本　合　計	1,010
建　　　物	290		
土　　　地	500		
資産合計	1,610	負債・資本合計	1,610

（注）設例の中では，借入金を特に「長期」とも「短期」とも特定していませんが，ここでは「長期借入金」としておきます。土地や建物などを購入するさいには，返済期限の長い資金を手当するのが一般的だからです。

🔵 勘定科目の配列について

すでにお気づきの方もおいでだと思いますが、貸借対照表上の勘定科目の配列が精算表のそれと異なっています。これにはきちんとした理由があるので、ここで整理しておきます。

まず、貸借対照表の基本構造を細分化した下の図をご覧ください。

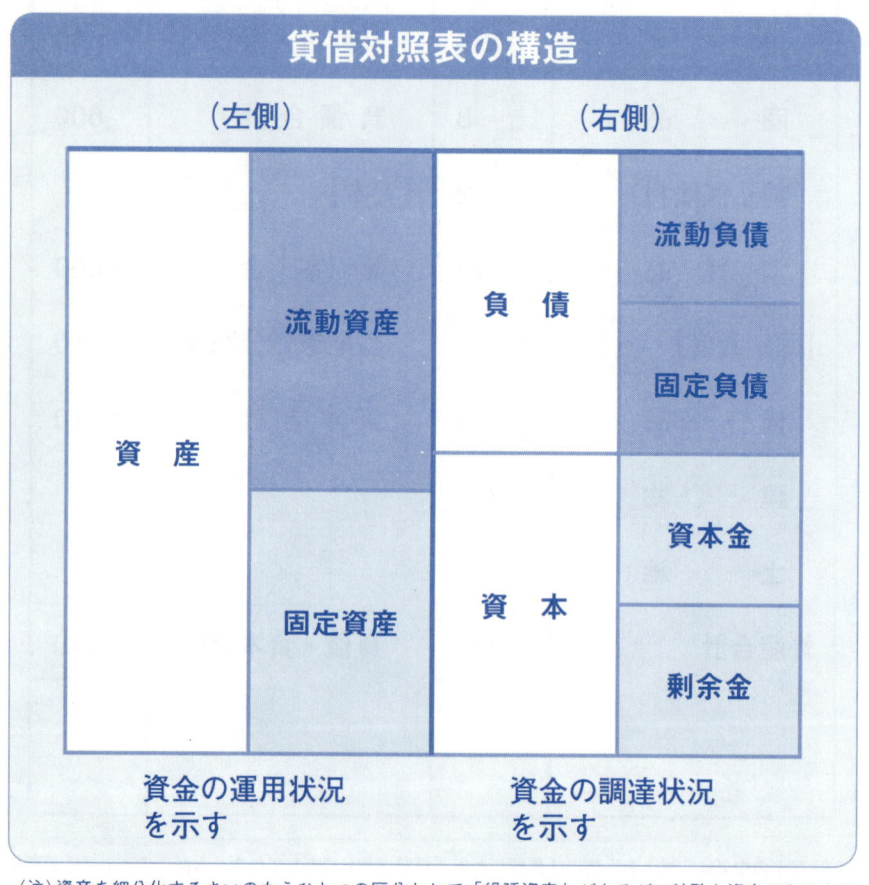

貸借対照表の構造

(左側)		(右側)	
資　産	流動資産	負　債	流動負債
			固定負債
	固定資産	資　本	資本金
			剰余金
資金の運用状況を示す		資金の調達状況を示す	

(注)資産を細分化するさいのもうひとつの区分として「繰延資産」があるが、特殊な資産であるためここではふれない。

「3つの区分」で「資産」としてひとくくりにした貸借対照表の左側は、「お金に換えやすいものか、換えにくいものか」で大きく2つに区分可能です。とても乱暴な言い方をすると、**比較的「お金に換えやすいもの」を流動資産と呼び、「お金に換えにくいもの」を固定資産と呼びます。**

ただし、実務的には「お金に換えやすいもの」と「お金に換えにくいもの」との線引きは曖昧です。

そこで、簿記上は**人為的に一定のルールを定め、そのルールにしたがって「換えやすいもの」と「換えにくいもの」との区別を行います。**このルールにはふたつの基準があります。

ひとつ目の基準は、**ワン・イヤー・ルール（一年基準）と呼ばれるもので、その名のとおり1年という期間で区分する考え方**です。ここまでの設例では現金による取引しか扱っていませんが、実際のビジネスにおいては「掛け」での売買（「いついつまでに支払います」という約束だけで商品を売買するケース）や、「手形」での売買（「掛け」での売買の一種だが、手形という証書を発行して約束を保証するため、単なる「掛け」売買よりも法的な拘束力が強い）などさまざまな取引形態が存在します。

これらの取引で使用する勘定科目については次章でふれますが、いずれにしても、**決算日の翌日から1年以内に現金化する予定のものを流動資産（お金に換えやすい資産）とし、それ以外のものを固定資産（お金に換えにくい資産）として区分**します。

ふたつ目の基準は、**営業循環基準と呼ばれるものであり、営業取引のサイクルで区分する考え方**です。

さきにふれたとおり、実際の商取引においては現金での売買だけで

なく,「掛け」での売買や「手形」での売買などさまざまな取引形態がありますが,これら**通常の営業サイクルの過程に現われる勘定科目はすべて流動資産とみなす区分方法**です。

配列にさいしては,基本的に**「お金に換えやすいもの」ほど上に配列するのが原則**です。

したがって,流動資産は固定資産より上に表示されます。さらに,流動資産の中でも「お金に換えやすいもの」ほど上に表示されるのが基本です。

営業取引の基本サイクル

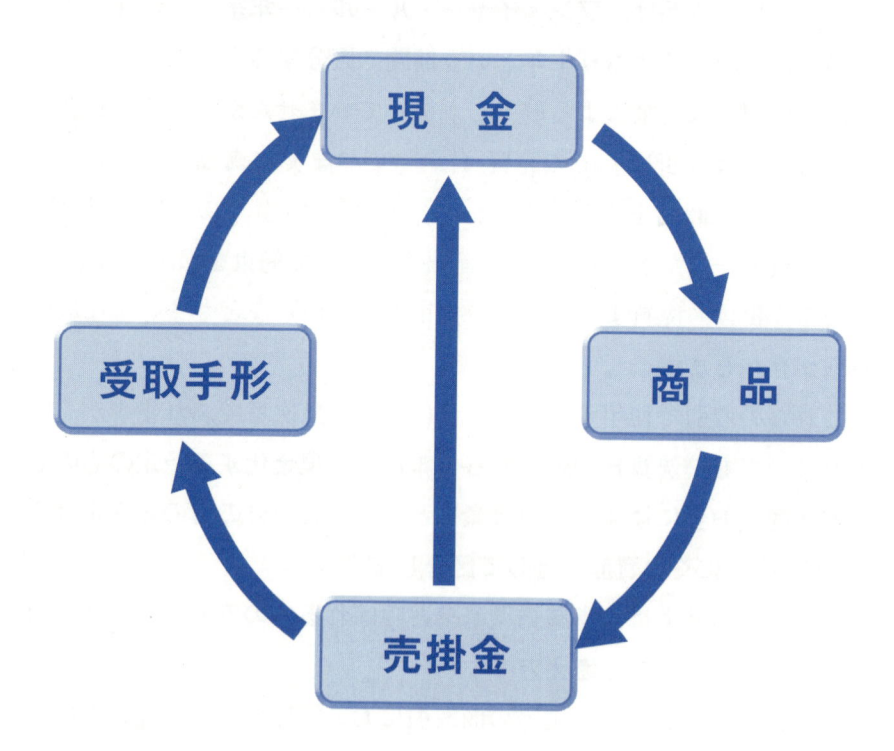

現金 → 商品 → 売掛金 → 受取手形 → 現金

次に貸借対照表の右側についてです。

右側を大きく「負債」と「資本」に分けることについては，すでに学んだとおりです。「負債」は外部の第三者から調達した資金を指し，「資本」は自己資金（株式会社の場合，正確には株主から調達した資金と，その後の経営活動で稼いだ利益の累積額）を指します。

第三者からの調達資金をまとめて示す「負債」は，**資産と同じ考え方，すなわちワン・イヤー・ルール（一年基準）と営業循環基準で流動負債と固定負債に区分**されます。

ただし，同じワン・イヤー・ルールでも，負債の場合は**決算日の翌日から1年以内に支払期限の到来するものを流動負債（より早く現金で支払わなくてはならない負債）とし，それ以外のものを固定負債（支払い猶予の長い負債）**として区分します。

営業循環基準の場合も，「通常の営業取引のサイクルに現われる勘定科目」とはいっても，当然のことながら資産項目とはまったく異なります。

この点については，第8章で勘定科目についてまとめて整理するさい詳説します。

最後は「資本」についてです。

資本の部は大きく元手と利益に大別されます。会社設立時の資本金を中心とする元手の部分と，その後の経営活動で稼いだ利益部分は，ともに自己資金には違いないのですが，貸借対照表の上では分けて表示する必要があります。

これにはきちんとした理由があるのですが，ここではふれません。

損益計算書の基本構造

「精算表」が正しく作成できれば，単純に左から右へ数字を移し換えるだけで作業は完了です。

精算表（再掲）

ここでのテーマ ↓ 損益計算書

勘定科目	残高試算表 左	残高試算表 右	修正記入 左	修正記入 右	損益計算書 左	損益計算書 右	貸借対照表 左	貸借対照表 右
現　　　金	785						785	
商　　　品	10			2			8	
消　耗　品	15			5			10	
備　　　品	18			3			15	
建　　　物	300			10			290	
土　　　地	500						500	
借　入　金		600						600
資　本　金		1,000						1,000
売　　　上		50				50		
売 上 原 価	5				5			
通　信　費	5				5			
保　険　料	12			2	10			
前払保険料			2				2	
減価償却費			13		13			
消 耗 品 費			5		5			
棚卸減耗損			2		2			
当期純利益					10			10
計	1,650	1,650	22	22	50	50	1,610	1,610

損益計算書

自：平成14年4月1日
至：平成15年3月31日

株式会社サイトー

費用の部	金　額	収益の部	金　額
売 上 原 価	5	売 上 高	50
通 信 費	5		
保 険 料	10		
減価償却費	13		
消 耗 品 費	5		
棚卸消耗品	2		
当期純利益	10		
計	50	計	50

　これは，下に再掲する損益計算書の「3つの区分」に沿った形式になっていますので，それほど違和感がないと思います。

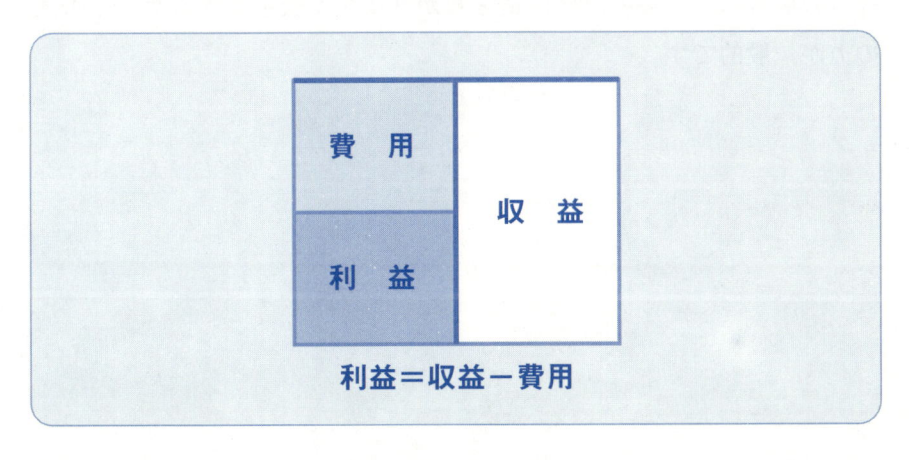

利益＝収益－費用

ただし，実際に損益計算書を作成するさいには，利益の中身をもう少し細かく区分して表示する必要があります。

　というのは，ひとくちに利益といっても，それが毎期経常的に発生する収益と費用との対比による期間損益なのか，震災等ある年に特別な要因による損益を含むものなのか，といったことがわからなければ，当該企業本来の収益力を推し量ることはできないからです。

　ある会計期間にたまたま発生した特殊要因によって大幅な利益が出た，あるいは大幅な赤字になった，といったことを知らずに当該企業の収益力を判断する愚は言うまでもありません。

　損益計算書の上でこうした点をよりわかりやすく表示するには，これまで見てきた左右対称型の書式よりも，次頁にあるような上下に書き下ろす書式の方が優れています。ちなみに，これまで見てきたような**左右対称的に表示する方法を「勘定式」と呼ぶのに対し，上下に書き下ろす方法を「報告式」**と呼びます。

　貸借対照表の場合は，資金の調達状況と運用状況の対応関係をわかりやすく表示できることもあって勘定式の方が一般的ですが，損益計算書の場合は，利益の階層構造をわかりやすく表示できるため報告式の方が一般的です。

利益の階層構造

売　上　高 ┐
売　上　原　価 │
　売上総利益 │
販売管理費 │　**経常損益の部**
　営　業　利　益 ├─（毎期経常的に発生する収益と費用
営業外収益 │　の対応による期間損益）
営業外費用 │
　経　常　利　益 ┘

特　別　利　益 ┐　**特別損益の部**
特　別　損　失 ├─（臨時的あるいは非経常的な要因に
　　　　　　　　┘　よる損益）

税引前当期利益　（すべてを含む総合的な期間損益）

　上の図に示したとおり，利益はいくつかの階層構造になっています。
　この階層のうちもっとも大きいのが，「経常損益の部」と「特別損益の部」の境界です。先述のとおり，当該企業本来の収益力を推し量るには，その会計期間にたまたま発生したような異常値あるいは非経常的な要因を取り除かねばなりません。そのためには，まず経常損益と特別損益を分けて考える必要があるのです。
　次頁以降で経常損益の中身を上から順に見ていきます。

● 売上高

最初に売上高についてです。

「売れた分を記入すればいいんだから，何もむずかしいことはないだろう。」と簡単に考える方もいらっしゃると思います。しかし，これが案外むずかしいのです。

というのも，商品の販売は「注文を受けて，商品を梱包し，これを発送し，商品が顧客の手元に到着し，顧客がこれを検品して注文どおりの商品であることを確認し，代金が支払われる」という具合に多くのプロセスを経て完了します。したがって，「どの段階で売上として計上すべきか」，「収益として計上すべきか」，という点が実務上はとても重要なのです。

会計上は，**「商品の引き渡しの時点をもって収益（売上）として認識する」**というのが原則なのですが，ここでも「いつの時点をもって商品の引き渡しの時期と見なすのか」が問題になります。

発送した時点とするのか，顧客の手元に到着した時点とするのかによって，決算日に輸送途上にある商品の扱いは変わってきます。

このように「たかが売上高，されど売上高」なのです。

ちなみにこの点については，商品を発送した時点で売上を計上する企業が多いようです。

● 売上原価と売上総利益

次は売上原価についてです。

これは売上高に計上された商品の原価のことです。これまで繰り返

し「**利益を増やす要素と利益を増やすために犠牲になる要素との対応関係**」が話題になりましたが，売上高と売上原価の関係はまさにこれにあたります。

　この売上高と売上原価の差額として求められる売上総利益は，ある意味で「**その会社の商品がどれだけ付加価値を有しているか**」を示していると言えます。

　ある商品を例にとった場合，「それをどれだけ高く売れるか（その原価にどれだけ多く利益を上乗せできるか）」を示しているのであり，買う側から言えば「どれだけ高くても買う価値があると判断するか」を示しているからです。それゆえ，**売上総利益（一般には「粗利（あらり）」と呼ばれることが多い）は当該企業の商品力（製品力）を示しています。**

お金　　　　　　　　　　　商品

営業利益と経常利益

売上総利益から，一般管理費（従業員の給料，事務所家賃，通信費，光熱費，広告宣伝費，販売促進費，その他雑費等）を差し引いたのが**営業利益**です。

仮りに売上総利益が会社の商品力を示しているとすると，営業利益はそれを売り込む営業マンや後方部隊，あるいは広告宣伝や販売促進にかかる費用といった要素を加味した利益ですから，**営業の効率性を含めた当該企業の収益力を示している**と言えます。

営業利益に営業外損益を加味したのが経常利益です。

営業外損益は，その名の示すとおり若干毛並みの異なる損益です。毎年経常的に発生する収益と費用の対応によって求められる期間損益には違いないのですが，本来の商品やサービスの売買以外の収益と費用の対応関係を示しています。代表的なのは，受取利息や支払利息といった金融収支です。したがって，預金が少なく多額の借金をしているような会社はこの損益がマイナスですが，逆に無借金経営の優良会社はこの損益がプラスです。

この金融収支は，当該企業の資金政策にもよりますが，一般的にはその企業の基礎体力を反映しています。したがって，経常利益は**基礎体力を含めた当該企業の収益力を示している**と言えるでしょう。

ここまでが，当該企業本来の収益力を示す利益の階層構造です。

● 特別損益と税引前当期利益

これに特別損益を加味したのが税引前当期利益です。先述のとおり，特別損益は，臨時的あるいは非経常的な要因による損益ですから，特定の年度に固有の要素です。したがって，これを加味した税引前当期利益は，**当該年度すべての要素を含む総合的な収益力**を示すと言えるでしょう。

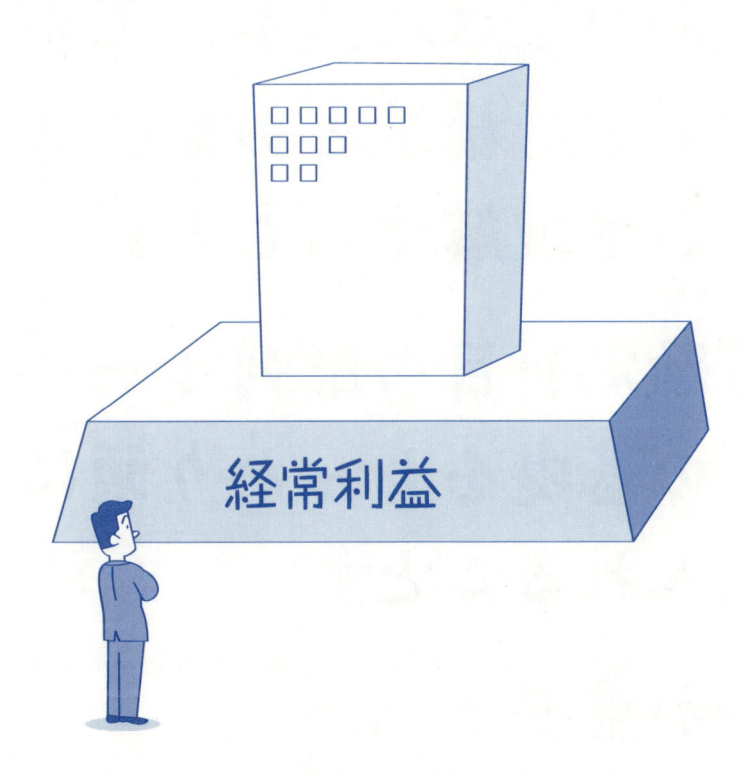

表示作業の重要ポイント！

『貸借対照表と損益計算書の基本構造を試算表の重層構造との兼ね合いで理解すること』

『勘定科目の配列ルールの基礎をしっかり頭に入れること』

が重要！

第8章

作業をふりかえって

この章では，仕訳のからくりや勘定科目の中身，全体の作業スケジュールなど，やや細かい項目のうち重要度の高い点について解説します。

1 仕訳のからくり

● 仕訳で始まり仕訳で終わる

これまでの章で簿記のさまざまな内容を学びました。

そうした中，最初から最後まで首尾一貫した基本動作があることにお気づきでしょうか。左と右に書き分けて，左と右に整理していくという作業です。

逆に言えば，これこそが複式簿記の最大の特徴であり，優れた点なのです。

この作業の原点は「仕訳」です。仕訳によって作り出されるデータがすべての作業の大元になります。試算表の作成など，途中その作業の適否を確認する過程も存在しますが，確認できる誤りはごく一部です。やはり，最初の段階で適切に仕訳作業を行うことがもっとも大切です。

一方，第6章でも学んだとおり，精算表でデータの修正作業を行うさいにも仕訳は重要な役割を果たします。期間のズレや財産的な傷みを修正する仕訳作業です。

また，本章の後半でふれる「決算」という最終過程，仕上げの作業においても，仕訳はついてまわります。

このように，「簿記の学習は仕訳で始まり仕訳で終わる」といっても過言ではありません。これが早く正確にできるようになれば，簿記の学習は半分ぐらい終わったようなものです。

慣れてしまえばなんのことはないのですが，馴染みのない人にとってはしばらくの間ピンとこない部分も多い仕訳作業を，ここで改めて取り上げます。

● 仕訳のからくりを整理する

初めて学ぶ人が馴染みやすいよう，これまでの設例では現金をからめた仕訳に絞って説明してきました。現金が増える取引は現金を左側に，減る取引は現金を右側に記入し，相手勘定を反対側に記入するという具合です。こうすると，仕訳に馴染みがない人でも頭の中で勘定の右左(みぎひだり)を整理しやすいからです。

しかしながら，現実のビジネスは現金での取引ばかりとは限りません。むしろ，現金以外の取引の方が多いぐらいです。

そこで，ここでは現金以外の取引について，「何を右に，何を左に記入するのか」という点を中心に「仕訳のからくり」を説明します。

● 試算表の構造をイメージする

現金以外の取引の仕訳において，「どの勘定科目を右に書き，どれを左に書くか」を考えるさいには，まず残高試算表の構造（下に再掲）を思い起こしてください。

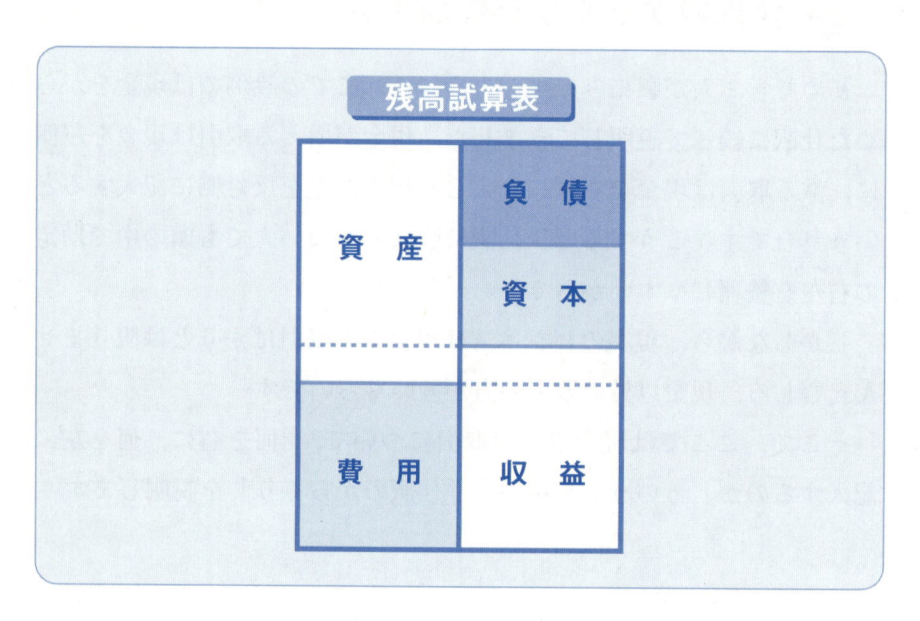

```
          残高試算表
┌─────────────────────┐
│            │   負 債   │
│   資 産    ├──────────┤
│            │   資 本   │
├────────────┼──────────┤
│   費 用    │   収 益   │
└─────────────────────┘
```

そして，それぞれの勘定科目が「上のどの区分（勘定）に属するか」を考えてみるのです。

たとえば，当該勘定科目の**属する区分（勘定）が資産であれば残高が左側に現われるのが基本であり，「増える場合は左側に記入，減る場合は右側に記入する」**と考えてください。

現金は資産の代表的な勘定科目ですが，すでに見たとおり「増える場合は左側に記入し，減る場合は右側に記入」しました。現金で売上があった場合に次の仕訳を行ったのはその一例です。

> 4月20日　現　　金　50／売　　　上　50

この仕訳を「売上」の側から見た場合はどうでしょう。

売上は「収益」の代表的な勘定科目です。「収益」は残高が右側に現われるのが基本であり，「増える場合は右側に記入，減る場合は左側に記入する」と考えます。

上の例は，「売上があがる」，つまり「収益が増える取引」（正確には「収益が発生する取引」）であり，売上が右側に記入されています。

次に「負債」勘定を見てみます。

当該勘定科目の**属する区分（勘定）**が負債であれば残高が右側に現われるのが基本であり，「増える場合は右側に記入，減る場合は左側に記入する」と考えます。

負債の代表的な勘定科目である借入金（ここでは「長期借入金」とする）を例にこのことを検証してみましょう。第3章の設例で銀行から600万円を借り入れたさい，次のように仕訳しました。

> 4月28日　現　　金　600／長期借入金　600

この例は，「負債が増える取引」（正確には「負債の残高が増える取引」）であり，負債である「長期借入金」が右側に記入されています。

この仕訳を「現金」の側から見た場合はどうでしょう。

現金は「資産」の代表的な勘定科目です。「資産」は残高が左側に現われるのが基本であり，「増える場合は左側に記入，減る場合は右

側に記入する」と考えます。

　上の例は「現金が増える」，つまり「資産が増える取引」（正確には「資産の残高が増える取引」）であり，現金が左側に記入されています。

　次に「資本」勘定を見てみます。
　当該勘定科目の属する**区分（勘定）**が**資本**であれば残高が右側に現われるのが基本であり，「**増える場合は右側に記入，減る場合は左側に記入する**」と考えます。
　資本の代表的な勘定科目である資本金を例にこのことを検証してみましょう。第3章の設例で会社設立のさい，次のように仕訳しました。

> 4月1日　現　　金　1,000／資　本　金　1,000

　この例は，「資本が増える取引」（正確には「資本の残高が増える取引」）であり，資本である「資本金」が右側に記入されています。
　この仕訳を「現金」の側から見た場合については，すでに何度か解説しましたので割愛(かつあい)します。
　ところで，第3章では（注釈したとおり）簿記に馴染みのない人に仕訳のメカニズムをわかりやすく解説するため，会社設立の仕訳を上のように「現金」勘定と「資本金」勘定の対比で簡単に表示しました。が，正確な仕訳はもう少し複雑です。
　仕訳のメカニズムをご理解いただくのにちょうどよいので，設立時の正確な仕訳を例に左右への書き分けを説明します。

会社設立時の正式な仕訳

❶ 出資者(本章の設例では「斉藤さん」)が出資額(1,000万円)を払い込み期日までに,株式会社サイトーの銀行口座に振り込んだ段階で,いったん次の仕訳をきる。

別段預金(べつだんよきん) 1,000／新株式払込金(しんかぶしきはらいこみきん) 1,000

❷ これを設立の日に次のとおり資本金に振り替える。

新株式払込金　1,000／資　本　金　1,000
当　座　預　金　1,000／別段預金　1,000

● 仕訳のからくりは難しくない（1）

上からひとつずつ見ていきます。

「別段預金」は「当座預金」や「定期預金」同様預金の一種であり，「資産」勘定に属します。したがって，これが「増えるさいは左側に記入し，減るさいは右側に記入」します。

上の例は資本金相当額を銀行に預金する取引なので，「預金が増える」，つまり「資産が増える取引」（正確には「資産の残高が増える取引」）であり，別段預金が左側に記入されています。

一方，「新株式払込金」は「資本」勘定のひとつであり，「増えるさいは右側に記入し，減るさいは左側に記入する」のが原則です。

上の例は資本金相当額を銀行に預金する取引なので，「資本金が増える」，つまり「資本が増える取引」（正確には「資本の残高が増える取引」）であり，新株式払込金が右側に記入されています。

次は資本金に振り替える取引についてです。

ここで若干戸惑う方もおられると思います。新株式払込金も資本金も「資本」勘定だからです。「資本」勘定は，「増えるさいは右側に記入し，減るさいは左側に記入する」のが原則です。とすれば，ここでの取引は，「資本をいったん減らして，また増やすやりとり」ということになります。妙な感じを受けませんか。

でもこれで正しいのです。

この取引は，まさに「資本をいったん減らして，また増やすやりとり」なのです。「新株式払込金」という資本勘定は，あくまでも世を

忍ぶ仮りの姿（一時的な勘定科目）であり，設立の段階で「資本金」に振り替えられねばならないのです。

ですから，「新株式払込金」が「減る側，すなわち左側」に表示される一方，「資本金」は「増える側，すなわち右側」に表示されています。

別段預金から当座預金に振り替える仕訳もまったく同じです。別段預金も当座預金も資産勘定であり，これも「資産をいったん減らして，また増やす」関係になっています。「別段預金」という資産勘定は，このケースではあくまでも世を忍ぶ仮りの姿（一時的な勘定科目）であり，設立の段階で「当座預金」（自由にお金の出し入れができる口座）に振り替えられねばならないのです。

ですから，「別段預金」が「減る側，すなわち右側」に表示される一方，「当座預金」は「増える側，すなわち左側」に表示されています。

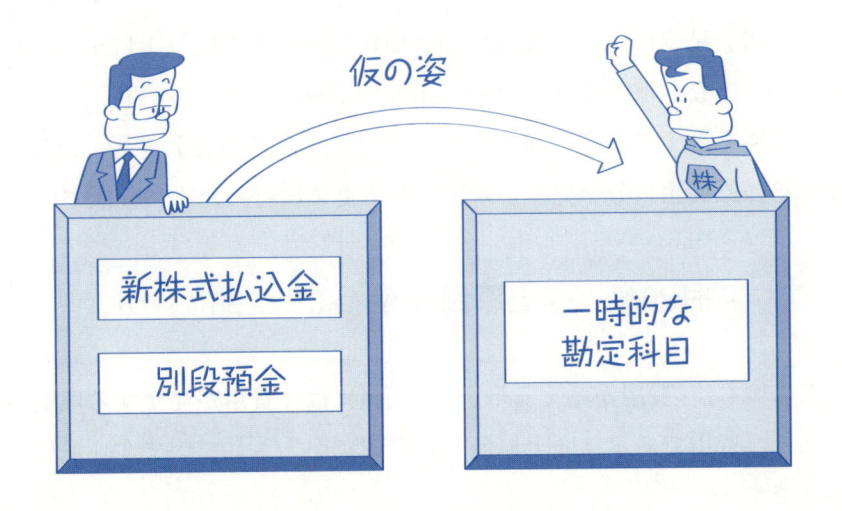

🔵 仕訳のからくりは難しくない（2）

これまで扱いがなかった「費用」勘定についても見てみます。

「費用」は残高が左側に現われるのが基本であり，「増える場合は左側に記入，減る場合は右側に記入する」と考えます。

費用のひとつである電話代（勘定科目は「通信費」）を例にこのことを検証してみましょう。第3章の設例で電話代を5万円支払ったさい，次のように仕訳しました。

> 5月1日　通　信　費　　5／現　　　金　　5

この例は，「費用が増える取引」（正確には「費用が発生する取引」）であり，費用である「通信費」が左側に記入されています。原則どおりです。

「費用」勘定についてはもうひとつ別のケースを取り上げます。現金がからまない取引であるため，第3章で取り上げたさい仕訳のからくり説明を敢えて本章に譲ったケースです。商品の売上があった時点で，その原価相当分を売上と対比させるために行った次の仕訳です。

> 4月20日　売上原価　　5／商　　品　　5

この例も，「費用が増える取引」（正確には「費用が発生する取引」）であり，費用である「売上原価」が左側に記入されています。原則どおりです。

一方で，このケースは「資産が減る取引」であり，資産である「商品」が右側に記入されています。これも原則どおりです。

いかがですか。

少しは左と右へ書き分ける仕訳作業に馴染んでいただけたでしょうか。

紙面の関係で扱えなかった取引の中にも大切なものがたくさんあります。最後に，そのいくつかについて簡単な設例とその仕訳をまとめておきます。上の解説と照らし合わせながら，それぞれの仕訳に納得がいくか確認してみてください。

テーマ：「掛けでの販売」
設　例　1：200万円の商品を掛けで販売した。
仕　　　訳：**売　掛　金　200**／売　　　上　200
補足説明：「いついつまでに支払います」という口約束を信頼して商品を引き渡すことを「掛け売り」と呼ぶ。そのさい，**約束した期日に代金を受け取る権利を「売掛金」という勘定科目で表わす。「受け取る権利」という資産である。**
設　例　2：200万円の売掛金を現金で回収した。
仕　　　訳：現　　　金　200／**売　掛　金　200**

テーマ：「手形の受け取り」
設　例　1：200万円の売掛金を手形で回収した。
仕　　　訳：**受取手形　200**／売掛金　200
補足説明：「いついつまでに支払います」という口約束だけでなく，手形という証書を発行して約束を保証。そのさい，**約束した期日に代金を受け取る権利を保証した証書を「受取手形」という勘定科目で表わす。資産のひとつ。**
設　例　2：200万円の受取手形が指定期日に預金化された。
仕　　　訳：当座預金　200／**受取手形　200**

テ ー マ：「掛けでの仕入」
設 例 1：100万円の商品を掛けで仕入れた。
仕 訳：商　　品　100／**買　掛　金　100**
補足説明：「いついつまでに支払います」という口約
　　　　　束を信頼してもらって商品を引き取ること
　　　　　を「掛け買い」と呼ぶ。そのさい，**約束
　　　　　した期日に代金を支払う義務を「買掛
　　　　　金」という勘定科目で表わす。**
　　　　　「**仕入債務**」という負債である。
設 例 2：100万円の買掛金を現金で支払った。
仕 訳：**買　掛　金　100**／現　　金　100

テ ー マ：「手形の引き渡し」
設 例 1：100万円の買掛金を手形で支払った。
仕 訳：買掛金　200／**支払手形　200**
補足説明：「いついつまでに支払います」という口約
　　　　　束だけでなく，手形という証書を発行して
　　　　　約束を保証。そのさい，**約束した期日に
　　　　　代金を支払う義務を保証した証書を
　　　　　「支払手形」という勘定科目で表わす。
　　　　　負債のひとつ。**
設 例 2：100万円の支払手形を指定期日に支払った。
仕 訳：**支払手形　100**／当座預金　100

2 勘定科目あれこれ

● 勘定科目を整理する

　仕訳のさい「何を右に書き，何を左に書くか」という点については，前項でおおよそご理解いただけたと思います。
　次に，個々の取引を正式にどう表現するか，すなわち「どの勘定科目を使えばよいのか」について整理します。
　勘定科目については，精算表で作業するさいにも「どの勘定科目が損益計算書に行き，どれが貸借対照表に行くか」という点が問題となりました。
　そこで，ここでも残高試算表の構造をイメージしながら作業を進めます。「残高試算表のそれぞれの区分（勘定）に代表的な勘定科目」という形で整理していきます。
　勘定科目をひとつずつ独立した形で学習していくのではなく，残高試算表の『各区分』と結びつけながら頭の中に整理していくやり方です。貸借対照表と損益計算書の基本構造が残高試算表の区分で頭の中に入っていれば，各勘定科目がどの区分に属するかを押さえておくだけで自然に貸借対照表や損益計算書と結びつけることができるからです。
　ただし，勘定科目は会社によってそのカバーする内容が微妙に異なりますので注意してください。
　では，さっそく始めましょう。

試算表

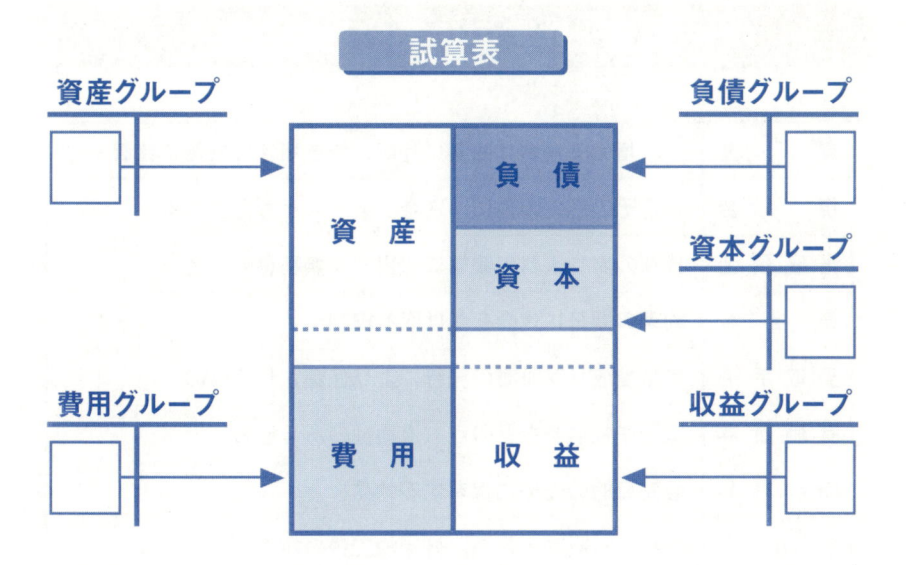

資産グループ → 資産

負債グループ → 負債

資本グループ → 資本

費用グループ → 費用

収益グループ → 収益

「資産」勘定の代表的勘定科目

資　　産	増える場合は左側に仕訳，減る場合は右側に仕訳
現　　金	現金そのものの他に，送金小切手なども含まれる
当 座 預 金	日常の出し入れに頻繁に使用する無利息の預金
売 掛 金	約束の期日に代金を受け取る権利
受 取 手 形	代金受取りが証書の発行により保証されたもの
有 価 証 券	株券や社債券などのうち流通性のあるもの
商　　品	販売目的のために保有する物品
前 払 金	商品や材料購入代金，外注加工費の前渡しなど
未 収 金	不要機械・器具等を販売したさいの代金未収など
前 払 費 用	契約により継続的に提供される役務のうち，いまだ提供されていない役務に対して支払われた代金
未 収 収 益	契約により継続的に提供する役務のうち，すでに提供した役務に対して代金の支払いを受けていない分
短期貸付金	短い期間で返済を受ける前提で貸し付けた資金
建　　物	建物本体およびそれに付属する設備を含めたもの
機 械 装 置	各種機械装置のほか，付属設備を含めたもの
車両運搬具	営業用の自動車，オートバイなど陸上運搬具
備　　品	事務机，椅子，応接セット，パソコンなど
土　　地	営業に使用している敷地のほか社宅敷地なども含む
長期貸付金	長い期間で返済を受ける前提で貸し付けた資金

「負債」勘定の代表的勘定科目

負債	増える場合は右側に仕訳，減る場合は左側に仕訳
買掛金	指定期日に代金を支払う義務
支払手形	代金支払いを証書の発行により保証したもの
短期借入金	短い期間で返済する前提で借り入れた資金
未払金	通常の取引に関して発生する未払い額のうち買掛金以外のものなど
未払費用	契約により継続的に提供される役務のうち，すでに提供された役務に対し代金未払いのもの
前受金	営業取引に基づいて生じる前受け代金
前受収益	契約により継続的に提供する役務のうち，いまだ提供していない役務に対して支払われた代金
貸倒引当金	売掛金や貸付金の取り立て不能見込み額など
長期借入金	長い期間で返済する前提で借り入れた資金

「資本」勘定の代表的勘定科目

資本	増える場合は右側に仕訳，減る場合は左側に仕訳
資本金	（株式会社の場合）株主の出資分
資本準備金	資本払い込み時の株式払込剰余金や合併差益など
利益準備金	債権者保護のため利益の一部を強制的に留保した分
当期未処分利益	決算3カ月以内に開催される株主総会で処分の対象となる利益の留保額

「収益」勘定の代表的勘定科目

収　　益	増える場合は右側に仕訳，減る場合は左側に仕訳
売　上　高	本来の営業活動から得られる収益（役務収益を含む）
受　取　利　息	預金の利息，貸付金の利息などの受取額
受取配当金	株式の配当金，証券投資信託の収益の分配金など
雑　収　入	主たる営業活動以外の収益で規則性なく少額のもの

「費用」勘定の代表的勘定科目

費　　用	増える場合は左側に仕訳，減る場合は右側に仕訳
売　上　原　価	販売された商品製品などの原価相当分
給　料　手　当	従業員への定期的報酬
役　員　報　酬	取締役・監査役など会社の役員への定期的報酬
福　利　厚　生　費	従業員の福利厚生のために要する費用
旅　費　交　通　費	役員および従業員が通勤や出張のために要する費用
通　信　費	電話，郵便切手，封筒など通信目的に要する費用
広　告　宣　伝　費	不特定多数の一般消費者への宣伝効果のための支出
販　売　促　進　費	商品等の販売を促進するために支出する費用の総称
交　際　費	得意先や仕入先など関係者の接待等に要する費用
水　道　光　熱　費	水道料，電力料，ガス代などに要する費用
地　代　家　賃	土地や建物を賃借することに伴って発生する費用
支　払　手　数　料	送金手数料，販売手数料など手数料の総称
荷　造　運　賃	販売した商品を発送するために生じる費用など
賃　借　料	パソコンやＦＡＸのリース料やレンタル料など
保　険　料	火災保険，自賠責保険，生命保険などの掛金
修　繕　費	部品の取り替えや修理保守管理費用など
租　税　公　課	国や地方公共団体に納付する租税など
消　耗　品　費	事務用の消耗品など少額の費用
研　究　開　発　費	新商品開発や試験研究，市場開拓などに要する費用
減　価　償　却　費	有形固定資産の経済的効果の当該会計期間負担分
雑　費	ささいな取引から派生する少額の費用の総称

● 覚えるのでなく慣れる

多くの勘定科目をいっぺんに見せられて辟易(へきえき)している方もおいでだと思います。

が，最初からすべての勘定科目を覚えようとしても苦痛の割には成果があがりません。むしろ，さまざまな取引の仕訳を実際に行いながら自然に身につけていく方が効果的です。「覚えるのでなく，慣れる」のです。

簿記の問題集も数多く出版されていますので，是非(ぜひ)ためしてみてください。

覚える　　　　　　　慣れる

3 もう少し細かい話

● 優先順位

　本書は幅広い簿記業務のうち「骨格」に相当する部分だけに光を当てて解説しています。小手先の技術を学ぶ前に，全体の輪郭，その本質を理解することが何よりも大切であると考えるからです。
　具体的には簿記の作業を大きく5つの過程，すなわち，
　　1．データの作成
　　2．データの加工
　　3．データの確認
　　4．データの修正
　　5．データの表示
としてとらえ，「なぜその作業が必要なのか」「どう作業するのか」という点にできるだけ多くの紙面をさいています。
　したがって，従来の入門書のように簿記のルールを網羅的にカバーできているわけではありません。
　また，ここまでの解説の中で時間軸，すなわち個々の作業がどのようなタイムフレームの中で行われるのかについてはふれる機会がありませんでした。
　そこで，これまでふれることができなかった作業の中で比較的重要度が高いものや，時間軸との関連について若干ふれたいと思います。

● 時間の流れとともに作業を追う

本書の解説のベースとなっている5つの過程，すなわち，
1．データの作成
2．データの加工
3．データの確認
4．データの修正
5．データの表示

を時間軸に照らすと実際にはどんな作業スケジュールになるのでしょう。

これらの作業はどれもが毎日行われているわけではありません。

コンピュータの普及により簿記の実務は大きく変わりつつあり，実際には作業の進め方も会社によりまちまちです。最近では毎日決算業務を行っている会社もあるほどです。

ちなみに，日々繰り返す作業の総まとめとして通常1年に1回行われる締めの作業を「決算業務」と称します。正式な貸借対照表や損益計算書などを作成する作業です。

ただし，競争環境が日々激変する今日，自らの会社の損益状況や財産状況が年に1回しかわからないのでは機動的に経営上の意思決定をすることができません。「ドッグイヤー」（人間の7倍の速度で加齢する犬の時間感覚に例えられる昨今の状況）などと言われ，かつて1年がかりで行われていたことが2ヵ月弱で可能な時代です。各社ともできるだけ素早く，正確に，かつ効率的に自らのおかれている状況を把握できるよう工夫を重ねています。

●「費用対効果」という視点

ここでポイントになるのが「費用対効果」という視点です。

「できるだけ素早く，かつ正確に損益状況や財産状況を把握する」といっても，それにかかる費用（労力）がその効果を上回ったのでは意味がありません。「効率的に把握する努力」とはこのことです。また，「素早く状況を把握すること」と「正確に状況を把握すること」とは多くの場合二律背反の関係にあります。

したがって，各社のおかれている外部環境，特に競争環境によってさじ加減を考えるしかありません。つまり，どの会社にとってもあてはまる唯一絶対の方法はないのです。半導体など先端技術を扱う会社の場合競争環境の変化のスピードも早い分，会社のおかれている状況をより素早く知る必要があるでしょう。

一方，比較的外部環境の安定している分野に属する会社など，そこまで早く状況をつかむ必要がない場合もあるでしょう。

このように簿記の実務作業を一定の時間軸にあてはめて画一的にとらえることの意義が薄れているのが実状ですが，一般的な時間枠としては次の目安が無難なところでしょう。

1. データの作成　　（日々）
2. データの加工　　（日々）
3. データの確認　　（毎月，ただし正式には年1回）
4. データの修正　　（毎月，ただし正式には年1回）
5. データの表示　　（毎月，ただし正式には年1回）

第8章 作業をふりかえって 189

● 応用動作について

前頁からも明らかなとおり，簿記の入り口であるデータ作成作業（仕訳業務）は取引が発生するたびに毎日行わなくてはなりません。

しかし考えてみてください。たとえば，従業員が何万人もいるような会社の場合，1冊の仕訳帳にすべての取引を記帳することが現実的でしょうか。何万人もの従業員が個々にさまざまな業務に取り組んでおり，それぞれの現場で取引が発生しているのです。

もちろんコンピュータを1冊の仕訳帳と見立てて複数の端末から仕訳データが入力できるような環境が整い始め，あながち非現実的な作業とは言えなくなりつつあるのも事実です。

しかしながら，コンピュータがここまで身近なものになる前の時代，この問題を解決するため「伝票」という優れモノが考案されました。これはたいへん便利な方法であり，現在でも多くの会社で利用されていますので，簡単にそのしくみについてふれておきたいと思います。

伝票会計には一般に次の特徴があります。

1．全社員に仕訳作業を分担させる
2．伝票に仕訳帳の代わりをさせる
　❶ 伝票そのものを仕訳帳とする
　❷ 伝票から総勘定元帳に直接転記する
3．証憑（しょうひょう）の整理に利用される

伝票のサンプル

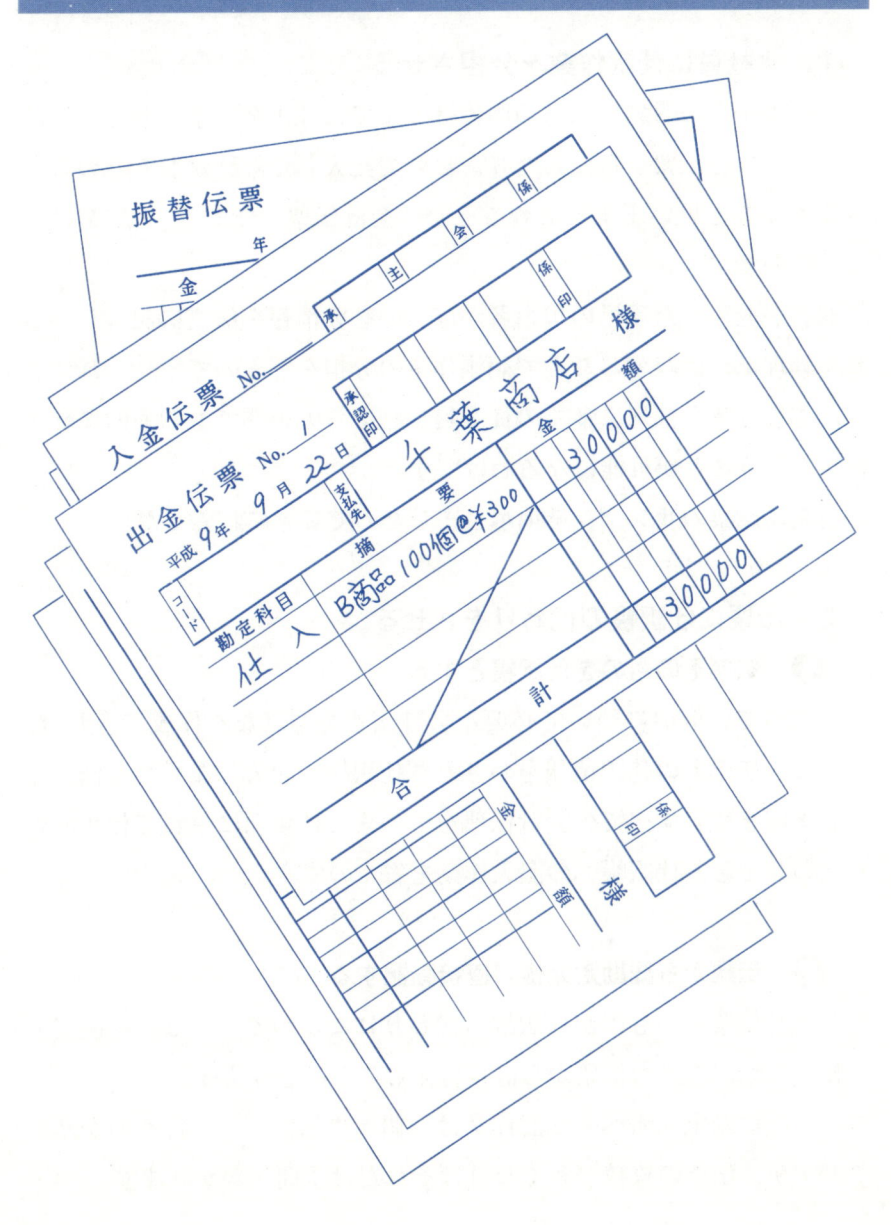

上から順に説明していきます。

1．全社員に仕訳作業を分担させる

　一般の企業にお勤めの方の中には今までに「出金伝票」や「入金伝票」といった伝票を目にしたり，自分で記入した経験がおありの方も少なくないと思います。これこそが「会計伝票」であり，「作業の分担」なのです。

　取引が発生した現場の担当者が取引の必要情報を伝票に記入し，これを経理部が回収することで記帳作業の分担を行うのです。これにより，さまざまな部署に多くの従業員を抱える大企業でも効率的に仕訳作業を行うことが可能になるわけです。

　前頁に伝票のサンプルを掲示しましたので参考にしてください。

2．伝票に仕訳帳の代わりをさせる

❶ 伝票そのものを仕訳帳とする

　すべての取引について必要な会計伝票を漏れなく作成できれば，なにも伝票上の仕訳情報をわざわざ仕訳帳へ記入しなくても済んでしまいます。すべての会計伝票をそのまま種類別に束ねて仕訳帳の代わりとし，仕訳帳への記入作業を省くのです。

❷ 伝票から総勘定元帳に直接転記する

　会計伝票そのものが仕訳帳の代わりになるのであれば，総勘定元帳への転記作業も伝票から直接行えることになります。

　この総勘定元帳への転記作業は，個々の伝票ごとに行うのが基本ですが，伝票の枚数が多くなればそれだけ手間がかかります。

そこで,「仕訳集計表」という集計表にいったん1日の伝票情報を整理し,その合計を総勘定元帳へ転記することが広く行われています。

3. 証憑（しょうひょう）の整理に利用される

「会社の財産に変化を及ぼす出来事」,すなわち簿記上の「取引」を記録するのが簿記の基本作業でした。つまり,簿記上の「取引」であることが確認された時点で仕訳作業が行われるわけですが,このさい本当にその「取引」が発生した事実を証明する何らかの証拠がなくてはなりません。

金銭の授受が行われた場合には通常「領収書」という証拠が交わされますし,商品を実際に発送した場合には「送り状」という証拠が同封されます。こうした**取引の発生を証明する証拠のことを会計上「証憑（しょうひょう）」**と呼びます。

実務的にはこの証憑に基づいて仕訳作業が行われるわけですが,これらの証憑は形や大きさ,その様式がまちまちであるため,作業の効率上も管理上も不便です。そこで,証憑の情報を「伝票」という統一フォームに整理して作業を行えば,作業効率も管理効率も上がるわけです。

④ 本質を理解する

● 本質を理解する大切さ

　コンピュータ全盛時代です。
　とりわけ，ここ数年のパソコンのハードウェア，ソフトウェアの技術革新には目を見張るものがあります。経理や財務関係のソフトも数多く市場に出回っており，最近では音声入力をベースにしたソフトも散見されるようになりました。このような環境変化もあって，経理の現場では簿記の実務作業も大きく変わりつつあります。
　しかしながら，どんなに実務作業が機械化されても簿記の基本を理解することの大切さに変わりはありません。従来手書きで行っていた帳簿への記入作業がパソコン端末からの入力作業に変わったり，電卓で行っていた計算業務をパソコンが自動計算してくれるようになったりといった変化はあっても，業務の流れはあくまでも複式簿記の考え方がベースになっているからです。
　むしろ，機械化された作業が増えた分だけ，複式簿記の本質の理解は重要になっているとさえ言えます。自分の手や電卓を使って実際に作業する機会が減るぶん，複式簿記の基本メカニズムにふれる機会が減っているからです。
　コンピュータを使って作業をすることの多い方はお気づきだと思いますが，コンピュータはたいへん便利な半面，それを万能マシンのように頼りすぎると時々痛い目に遭うことがあります。

せっかく入力したデータを誤って消去してしまったり，保存し忘れるといった自分自身の操作ミスや，作業の途中で突然動かなくなってしまう（これは自分自身の操作ミスによる場合と，プログラムにバグがある場合の両方が考えられますが）といったケースです。

また，コンピュータそのものは正常に作動していても，（アプリケーション・ソフトという）経理用ソフトのプログラム・エラーによって正しい結果が得られないケースも考えられます。

こうしたトラブルが発生しても，複式簿記の構造さえきちんと理解できていればいくらでも対処のしようがありますが，理解できていなければお手上げです。

トラブル時の対応のためだけでなく，現在稼働しているシステムをより良いものに改善するためにも本質の理解は大切です。

デジタル時代の今日，経理ソフトひとつを例にとっても，その内容は日進月歩です。次々に開発される新しいソフトの内容を自分の会社の業務内容やその特性，処理能力といった点に照らして，全体としてどれだけのメリットがあるかを検証する作業には本質の理解が不可欠です。

また，コンピュータ化の進展により，過去の出来事を処理する作業が合理化されただけでなく，将来の経営上の意思決定をするさいの予測作業も大きく合理化され，より複雑なシミュレーション作業が可能になっています。

こうしたシミュレーション作業で得られた結果を判断するうえでも，より有効なケーススタディを進める上でも，複式簿記の理解は欠かせません。

このように，あらゆる面で機械化が進んだ今日にあって複式簿記の本質を理解することはますます重要になっていると言えます。

🔵 経理担当者だけの方言ではない

簿記イコール経理業務というイメージがあるせいか，一般に簿記は経理部に所属する人たちだけに通じる方言，ローカル言語のように思っている人も少なくないようです。

が，これは大きな間違いです。

経済が右肩上がりで成長していた時代ならともかく，現在のような低成長下にあっては，さまざまな意思決定の遅れが経営上の致命傷になりかねません。同業他社との競争がますます厳しくなる中で，自社のおかれている状況をタイムリーかつ正確に把握して，次の一手に活かすことができるかどうかが勝敗の分かれ目となるわけです。

このことは，今後加速度的に進展するデジタル化の流れの中で，ますます顕著になるでしょう。

スピードがビジネスの大きな鍵を握る時代です。

このような時代にあっては，経営者や経理担当者のみならず会社のあらゆる階層の人々が，自社のおかれている状況を計数的に正しく把握して意思決定することを求められます。「自分のビジネス上の判断が会社の財産状態や儲けの計算にどのような影響を及ぼすのか」という視点です。

高度成長期には市場シェアの拡大を経営上の目標に掲げていた企業が多かったこともあり，個々の担当レベルでも売上を伸ばすことだけを考えていれば事足りた面がありました。

しかしながら，これからは効率と成長という両面からの判断が求められる時代です。一般のビジネスマンも，今まで以上に全社的な視野で物事を判断する力が求められるということです。

このような判断力を養う上で簿記の知識は欠かせません。

これまで簿記に縁のなかった人にとっては，その基本を知るだけでもビジネスの今まで見えなかった面，違った面が見えるようになるはずです。

簿記は決して経理担当者だけに通じる方言ではなく，ビジネス社会に生きる人にとって世界に通用する標準言語なのです。

簿記は標準言語

あ と が き

　パソコンのハードウェアおよびソフトウェアの飛躍的な進歩により，会社の仕事の流れは大きく変わっています。経理や財務の仕事もその例外ではありません。

　しかしながら，機械化が進んでいるからこそ，業務の本質の理解はますます重要になっていると言えます。いつの時代にあっても，仕事の流れを革新する最大の鍵は，業務内容の正確な理解とたゆまざる研究心です。

　簿記が会社の活動を記録する言語である以上，作業の過程がいくら機械化されても，その本質の理解が大切であることにいささかも変わりはありません。これは，なにも経理や財務にかかわる人に限ったことではありません。営業から管理部門まで会社の活動にかかわる人すべてにあてはまる話です。

　そういった意味でも，本書がこれまで経理業務に縁の薄かった方々にとって簿記に親しむなんらかのきっかけとなれば幸いです。

　本書の内容の理解だけでも，簿記の本質的な部分がぼんやりと見えるように書いたつもりです。が，タイトルにもあるとおり，この本は「入門書を読む前に読む本」です。内容がある程度理解できた方は，一般的な入門書でさらに理解を深められることをお薦めします。

　本書の中でも何度かふれたとおり，簿記の上達には実際に手を動かしての反復練習がとても効果的です。時間的余裕のある方は，是非取り組んでみてください。

　本書を執筆するにあたっては，株式会社税務経理協会の社長室長で

ある大坪克行氏および書籍編集部・佐藤光彦氏にさまざまなお心遣いをいただきました。心より感謝いたします。

　私が追求する「本質をわかりやすく伝える」作業には良質の図表の手助けが不可欠です。今回の企画で私のイメージ通りの図表・イラスト作りを手助けしてくださった（株）マッドハウスのスタッフのみなさん，そしていつものように素晴らしいカバーデザインを手がけてくださった藤根孝紀さんにも心から感謝します。

　最後に，ビジネスマンを本業とする私が執筆活動を続けられるのは，愛する家族の理解と協力があってこそです。今回も本書の執筆を常に暖かい眼差しで見守ってくれた家族，とりわけ執筆の間劣化したファミリーサービスの最大の犠牲者である長男の陽太郎，次男の敬次郎，そして妻の美江に，この場を借りて感謝します。

　2002年8月

小　田　正　佳

著者紹介

小田　正佳（おだ　まさよし）

1959年東京都生まれ。1982年早稲田大学政治経済学部経済学科卒業。
同年大阪商船三井船舶株式会社に入社。北米部，米国勤務等を経て，1989年株式会社ニコルに入社。海外事業部，仏国勤務，ライセンス・ニコルスポーツ事業部長，経営企画室長，取締役管理本部長，常務取締役等を経て，現在同社代表取締役社長。
中小企業診断士。米国公認会計士（Certificate）。
主な著作に「財務諸表の卵〔改訂版〕」,「資金を重視した経営分析〔改訂版〕」（共著）,「経営分析の卵」,「管理会計の卵」（編者）「米国会計の卵」（共著）,「キャッシュ・フローの卵」,「会計制度改革の卵」,「ビッグバンの卵」,（以上，税務経理協会）,「よくわかる国際会計基準〔第2版〕（共著／中央経済社）等がある。

著者との契約により検印省略

平成14年9月1日　初　版　発　行

新世紀版　簿記の卵
―入門書を読む前に読む本―

著　　者　小　田　正　佳
発　行　者　大　坪　嘉　春
印　刷　所　株式会社　マッドハウス
製　本　所　三　森　製　本　所

発　行　所　東京都新宿区　　　株式会社　税務経理協会
　　　　　　下落合2丁目5番13号

郵便番号161-0033　振替 00190-2-187408　電話（03）3953-3301（編集部）
　　　　　　　　　ＦＡＸ（03）3565-3591　　　（03）3953-3325（営業部）
　　　　　　　　　URL http://www.zeikei.co.jp/
乱丁・落丁の場合はお取替えいたします。

Ⓒ　小田正佳　2002　　　Printed in Japan

本書の内容の一部又は全部を無断で複写複製（コピー）することは，法律で認められた場合を除き，著者及び出版社の権利侵害となりますので，コピーの必要がある場合は，予め当社あて許諾を求めて下さい。

ISBN4-419-04090-4 C0063